春節時におけるタヒチの中央市場（タヒチ·パペーテ）

春節時に中華レストランに乱入する獅子舞（タヒチ・アルエ）

南半球最大級の関帝廟（タヒチ・パペーテ）

ニューカレドニアのアジア人街（ニューカレドニア・ヌーメア）

バヌアツの街頭にあふれる中国語の看板（バヌアツ・ポートビラ）

バヌアツのチャイナタウン（バヌアツ・ポートビラ）

フィジーの街中にある中国風のあずまや（フィジー・スバ）

首都アピアの中心部に建つ中国系企業（サモア・アピア）

2006 年 4 月と 2021 年 11 年に襲撃を受け、多くの中国人が離れた後の荒廃したチャイナタウン。2024 年春節時の撮影。中国らしい飾り付けが一切ない（ソロモン諸島・ホニアラ）

南太平洋島嶼部で広くみられる代表的な中国由来の料理・炒麺（Chaomen：地域によってはChow Mineなどと表記）

フィジー、トンガなどで拡がるアメリカ由来の中国系料理・チャプソイ（Chop Suey）

タヒチ語で「中国料理」と名づけられるマア・ティニト（Maa Tinito）

タヒチやニューカレドニアみられる中国風刺身（Poisson Cru à la Chinoise）

南太平洋の中国人社会
客家、本地人と新移民

目次

装丁＝オーバードライブ・前田幸江

南太平洋の中国人社会――客家、本地人と新移民

河合 洋尚

はじめに

本書は、南太平洋島嶼部の中国人社会をめぐる歴史と現状について、タヒチ、ニューカレドニア、バヌアツ、フィジーを中心として描き出すことを目的としている。まずこの序文では、本書でいう南太平洋島嶼部とその中国人社会について概観することから始めることにしたい。

本書では、南太平洋（赤道以南）の海に浮かぶ面積三万平方キロメートル以下の島々を南太平洋島嶼部と総称している。具体的には、タヒチ、ニューカレドニア、バヌアツ、フィジーの他、ソロモン諸島、サモア、トンガ、ツバル、ナウルなどの国や海外領土が、そのエリア内に含まれている（地図1参照）。他方で、ニュージーランドとパプアニューギニアは南半球に位置する島であるが、その規模の大きさから対象外としている。

これまで日本では、オーストラリアやパプアニューギニアの中国系移民について多くの研究が蓄積されてきたが、南太平洋島嶼部の中国人社会となると断片的な記載にとどまっており、その様相はあまり明らかになっていない。たとえば二〇一七年に編纂された『華僑華人の事典』ではオーストラリア、ニュージーランド、パプアニューギニ

アの項目があるが、南太平洋島嶼部に至っては一つも項目がない［華僑華人の事典編集委員会編　二〇一七］。このことは、南太平洋島嶼部の中国人社会をめぐる研究蓄積が、日本でどれだけ少ないかを表している。

本文中で随時述べていくように、英語、フランス語、中国語まで見渡すと、タヒチとフィジーの研究は少なくない。サモアの中国系移民についての書籍もある［Tom 1986; 翟　二〇〇三］。だが、ニューカレドニア、バヌアツ、ソロモン諸島、トンガ、ツバルほかをめぐる書籍や学術論文は、世界的にも限られている。目下、南太平洋島嶼部の中国人社会を俯瞰的に知ろうとするならば、一九九九年にシンガポールで刊行されたリン・パン編『世界華人エンサイクロペディア』の一連の紹介を見るのがおそらく最も手っ取り早い。この事典は二〇一二年に日本語にも翻訳されている［イングリス　二〇一二：五二二、ウィルモット　二〇一二：五二五―五三三］。ただし、これらはあくまで事典項目としての紹介にとどまっているし、二〇世紀末に刊行されているため二一世紀以降の状況を知ることができない。(1)

周知の通り、二一世紀に入り、ますます多くの中国人が世界各地に移住するようになっている。中国から海を越えて移住した人びとは、華僑・華人と呼ばれる。一般的に中国の国籍を保持したまま各地で（半）永住する中国系移民を華僑、移住先の国籍を取得して現地社会に溶け込んだ中国系移民を華人という。中国人の海外移住は古くからあり、とりわけ一八世紀から一九世紀にかけて日本、東南アジア、北米、オーストラリアなどに移住したことは広く知られている。こうした移住の波は近年ますます加速しており、二一世紀に突入する前後にはヨーロッパやアフリカ、そして本書の対象である南太平洋島嶼部でも中国からの移住者が急増している。

南太平洋島嶼部は、一八世紀から一九世紀にかけてヨーロッパ列強の進出や植民地支配の舞台となったが、その一方では中国ともナマコや白檀などの交易があった。第二次世界大戦が終結すると、南太平洋の島々はヨーロッパから次々と独立し国家を形成したが、ヨーロッパやアメリカだけでなく、中華圏の覇権争いの場にもなった。南太平洋島嶼部の先住民は台湾原住民と同じオーストロネシア語族であり、二〇世紀後半には南太平洋島嶼部の国の多くが台湾と国交を結んでいた。だが、中国本土（以下、中国と略称）が一九七八年末に改革開放政策（市場経済の一部導入）を推進し経済力が増すと、南太平洋島嶼部でのプレゼンスも徐々に増すようになった。
とりわけ一九八〇年代以降、太平洋島嶼部の国家は台湾と中国のどちらを選択するかという問題に迫られるようになっている。トンガやソロモン諸島のように、台湾との国交を断絶し、中国と新たに国交を結んだ国々もある。また、二一世紀に入ると、中国は南太平洋島嶼部で投資や開発援助を積極的におこなうようになり、それに伴って中国からの移住者が急激に増加するようになった。ニューカレドニアのように中国からの影響が少ないところもあるが、ほとんどの南太平洋島嶼部では二一世紀に入ると中国からの移民に溢れ、現地社会に少なからぬ影響を及ぼすようになっている。

二一世紀の南太平洋島嶼部を語るにあたり、もはや中国（さらには他の東アジアや東南アジア）からの移住者がもたらす影響を無視することができないであろう。ただし、ここで注意しておく必要があるのは、中国系移民が二一世紀に入ってはじめて南太平洋島嶼部に移住しはじめたのではないということである。筆者が実際に南太平洋島嶼部を訪れて驚いたのは、中国で改革開放政策が始まる一九七〇年代までに中国系移民がすでに現地で根を下ろしており、一定の経済力を誇ってきたことである。彼らのほとんどは南太平洋島嶼部の国籍を取得して華人となり、都市だけでなく、時として離島にまで経済ネットワークを広げている。

一九八〇年代以降、特に二一世紀より中国系移民が急増したことにより、いくつかのオーストロネシア系社会では「文化衝突」が生じた。だが、それはオーストロネシア系社会だけの現象ではなかった。南太平洋島嶼部で暮らしてきた古参の中国系移民の間でも、文化やアイデンティティのうえで大きな揺らぎが生じたのである。

先に国籍を基準とする華僑・華人の別を説明したが、南太平洋島嶼部では、国籍が何かであるより、「古参」の中国人と「新参」の中国人の間の区別の方が重要である。両者にはルーツや使用言語などの面で明確な違いがある

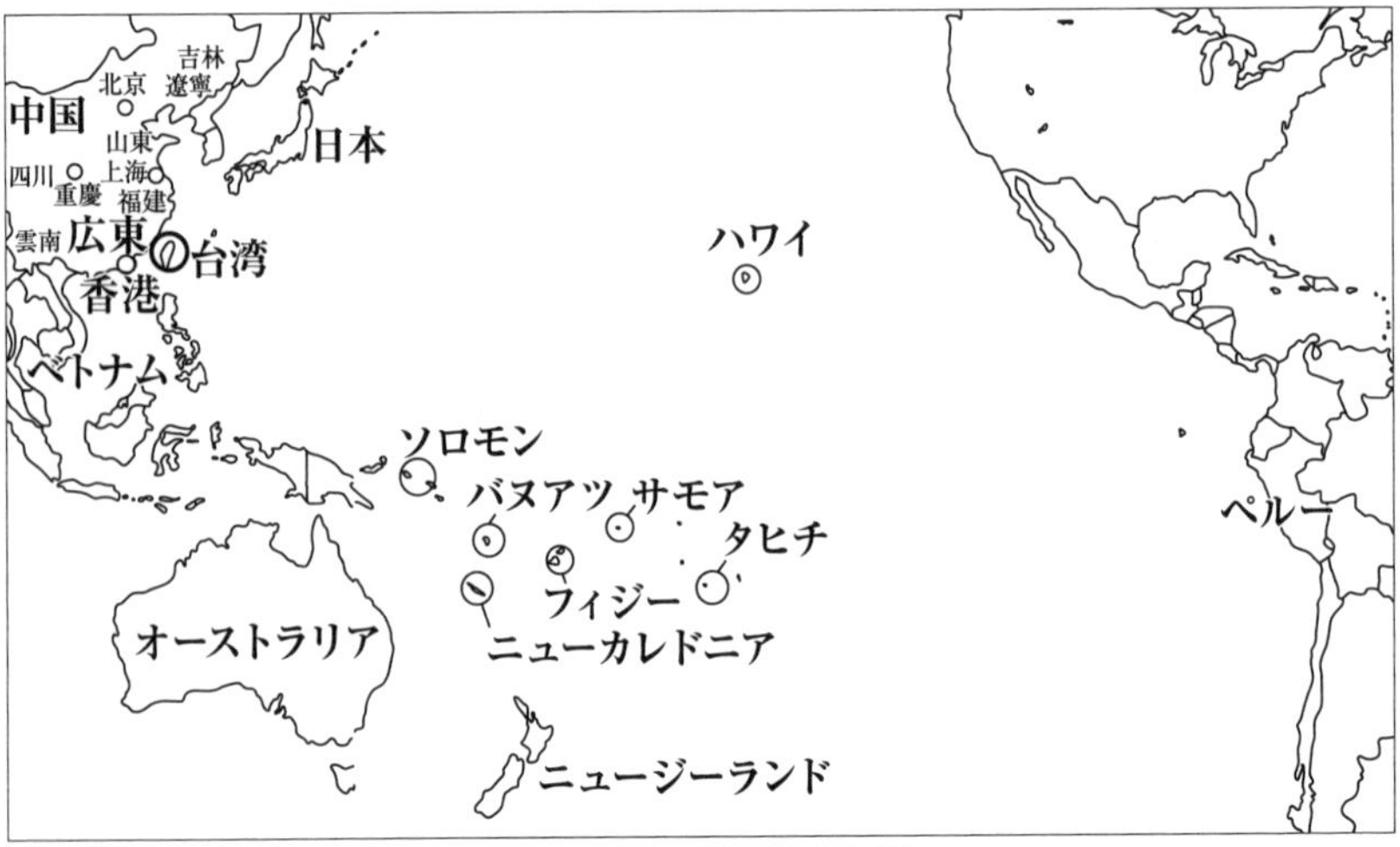

地図1　環太平洋（筆者作成）

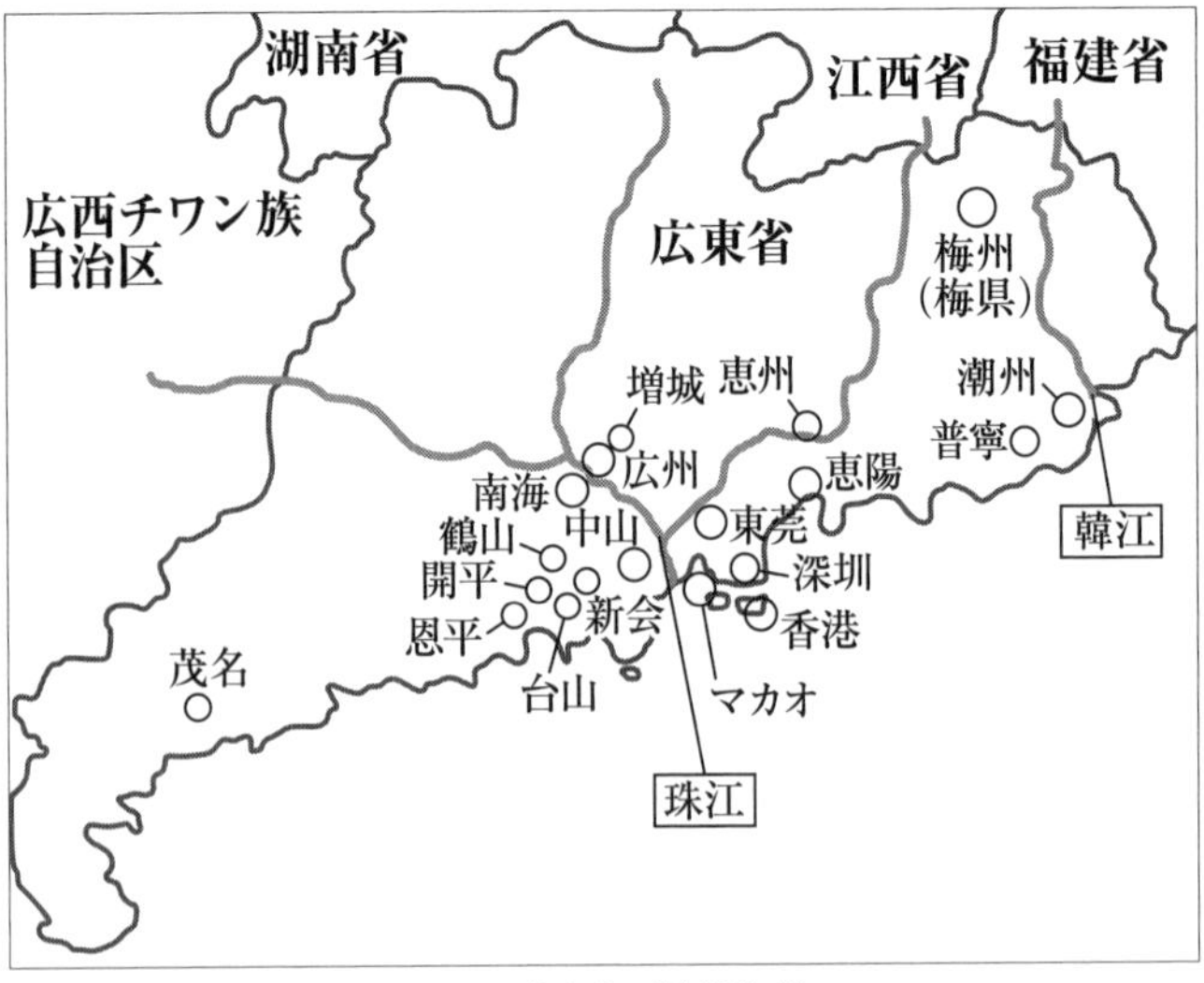

地図2　広東省（筆者作成）

からだ。

「古参」の中国系移民は、絶対的多数が中国広東省から移住した本地人または客家である。本地人（別称：広府人）は、広東省の中部から西部にかけて分布する広東語を話す人びとである。客家は広東省では東北部や北部を拠点とする山の民であるが、広東省中部にも住む。客家の主要言語である客家語は広東語と近いところもあるが、意思疎通が困難なほど異なる〔飯島・河合・小林　二〇一九：一五八〕。南太平洋島嶼部の「古参」の中国系移民は、中国広東省中部にある深圳、東莞、恵州、中山、広州あたりの出身者が多いが、このエリアは本地人と客家の混住地でもある（地図2参照）。「古参」の中国系移民は、一九七〇年代以前に南太平洋島嶼部に移住した本地人と客家の子孫、またはその親戚である。(2)

それに対して、「新参」の中国系移民は、広東省の出身者であるとは限らない。中国の各地から移住している。広東省は中国東南部に位置するが、「新参」の中国系移民には北部の東北三省（遼寧省・吉林省・黒竜江省）や東部の上海一帯、さらには西部の雲南省・四川省・重慶市の出身者も少なくない。彼らはそれぞれの「方言」を話すが、全体的に青年層・中年層が多いこともあり標準中国語が堪能である。それに対して、「古参」の中国系移民のなかには標準中国語を不得手としている人が多い。そもそも二世、三世となると、広東語や客家語を話せなければ、漢字も読めないことがある。

このような理由から、本書は、前者を「旧移民」、後者を「新移民」と呼んで区別する。具体的には、一九七八年の改革開放政策実施以前に南太平洋島嶼部で移住していた中国系移民（以下、中国人と表記）とその子孫を旧移民、一九七九年以降に南太平洋島嶼部へ移住した中国人を新移民と定義する。そのうえで、旧移民と新移民それぞれの移住史と社会生活、そして両者の関係性を描き出していくことにする。(3)また本書では、南太平洋島嶼部の国籍を取得しているかを問わず、中国をルーツとし中国出自のアイデンティティをもつ人びとを中国人と表記する。

写真1　サモアの首都アピアの時計台近くにある華人経営のデパート（左手）。建物には漢字で「陳茂公司」と書かれている。（2023年3月、以下、記載がないものはすべて河合洋尚撮影）

ただし、本書は、南太平洋島嶼部の中国人社会の全貌を描写することを目的としていない。本書で描かれるのは、あくまでその一端である。冒頭で述べた通り、本書の主要な対象は、タヒチ（第1章）、ニューカレドニア（第2章）、バヌアツ（第3章）、フィジー（コラム）である。これらの国／地域に注目するのは二つの理由がある。

第一に、南太平洋島嶼部で最も中国系（旧移民）人口が多いのがタヒチ、次いでフィジーである [Ali 2002: 19]。タヒチとフィジーは、長いこと南太平洋島嶼部の中国系移民の二大拠点として君臨しており、多くの中国系団体が組織されてきた。また、ニューカレドニアにはタヒチから移住した旧移民が少なくない。ニューカレドニアを扱うことで、南太平洋島嶼部内外の島を超えたネットワークをより理解することができる。

第二に、同じ南太平洋島嶼部といってもたとえばニューカレドニアとバヌアツとでは中国人移住者の増加幅がかなり異なる。ニューカレドニアでは現在でも新移民の流入が少ないが、他方でバヌアツでは特に二〇一〇年代より新移民が急増している。海を挟んで向かい合っているニューカレドニアとバヌアツを比較することで、南太平洋島嶼部における中国人社会の多様性がより鮮明になる。

他方で言及しておく必要があるのは、研究者の視点の多様性である。同じ南太平洋島嶼部の中国人社会を対象としていても、オセアニア研究者と中国研究者とでは見るところや気づくところが異なるであろう。筆者は現存の研究カテゴリーでいうと後者に属する。筆者は二〇〇三年から中国広東省で長期のフィールドワーク（実地調査）を実施してきた人類学者である。その後、広東省から海を跨いで移住した客家や本地人を追いかけ、ベトナムやマレーシアなどの東南アジア諸国で調査をし、やがて南太平洋島嶼部にも研究関心を広げるようになった。南太平洋島嶼部では、二〇一二年から二〇二四年にかけてタヒチ、ニューカレドニア、バヌアツ、フィジーを複数回訪れており、ごく短い期間であるがサモアとソロモン諸島にも足を運んだ（写真1）。本書は、中国広東省を中心として環太平洋の中国系ネットワークをみる、マルチサイト民族誌[4]の成果の一環である。

中国とオセアニアは「海」を介して今も昔もつながっている。そのような中国—オセアニアの連環世界を捉えるためには、中国研究者とオセアニア研究者の双方から複眼的に捉えていくことが重要となるであろう。本書は、中国南部を主要な研究対象としてきた著者の手によるものであるが、オセアニアの研究者に対しても一定の視点・方法やデータを提示できるよう試みた[5]。また繰り返すと、日本ではオセアニアの中国人社会そのものへの情報がまだ乏しい。研究者のみならず、オセアニア、中国、華僑華人に関心をもつさまざまな読者にとって、本書が少しでも有益なものであることを願っている。

1　タヒチ

一　地理と人口構成

1　タヒチの地理

本書でいうタヒチはフランス領ポリネシアを指す。フランス領ポリネシアは、ソシエテ諸島、ツアモツ諸島、マルケサス諸島、オーストラル諸島、ガンビエ諸島から構成される。首都であるパペーテは、ソシエテ諸島の一つであるタヒチ島にある（地図3）。厳密にいうとタヒチとはタヒチ島のことであるが、日本の観光ガイドブックなど一般書ではフランス領ポリネシア全体をタヒチと総称することがあるので、本書もその呼称に倣う。

タヒチの面積は四一〇〇平方キロメートル強である。フランス領であるが、一九九六年に自治権を獲得している。公用語はフランス語とタヒチ語である。観光業が盛んであるため英語が通じることも多い。成田空港からパペーテまでは直行便があり、その飛行所用時間は一一時間ほどである。日本では、ハネムーンの滞在地として人気があり、黒真珠やポール・ゴーギャンの絵画の舞台としても知られている。

2　タヒチの人口構成と中国系移民

二〇二一年の統計によると、タヒチの人口は二八万人強である。(6) そのうち、政治経済の中心地でもあるタヒチ島には、全人口の約半数の人びとが暮らしている。

民族構成からみると、タヒチ住民のマジョリティは、ポリネシア系（オーストロネシア語族）のマオヒである。その他、フランス人を中心とするヨーロッパ系、マオヒとヨーロッパ系の混血であるドゥミ、そして中国系住民（以下、中国人）が、タヒチの主要な人口を構成している。中国人と他の民族の間の通婚も進んでいる［Ly 2013: 219］。

目下、タヒチの公的な人口統計では民族を表す項目が存在しないため、マオヒ、ヨーロッパ系、ドゥミ、中国人の人口比率は推測するしかほかない。

一九八三年にフランス海外省が提示した人口統計によると、当時一九万人であったタヒチの人口のうち、マオヒが六五パーセント、ヨーロッパ系が一二パーセント、ドゥミが一六パーセント、アジア系が五パーセントであった［ITSTAT 1983; cf. Trémon 2010: 38］。二〇一三年に現地の中国系知識人であるジミー・リーが推定したところでは、マオヒとその混血が八〇パーセント、ヨーロッパ系が一三パーセント、中国人とその混血が七パーセントである［Ly 2013: 220］。その論拠は明確ではないが、おおまかに捉えるならば、タヒチではマオヒとその混血が多数派を占め、中国人は一割に満たないと推測される。

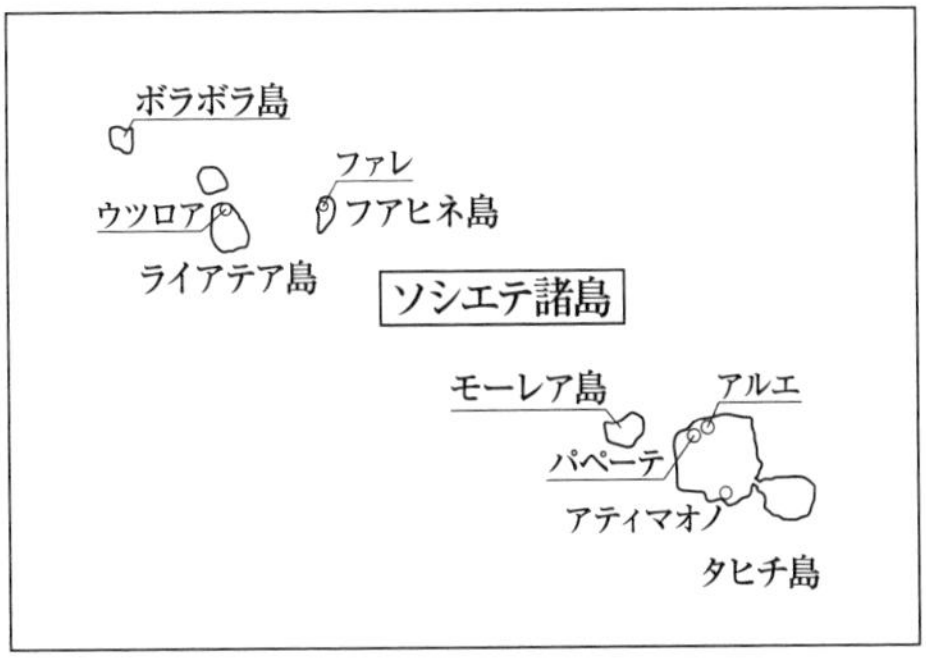

地図3　タヒチ（筆者作成）

3　中国人の存在感

だが、実際にタヒチを訪れると、中国人の存在感には数字以上のものがある。その要因の一つは、中国人が都市部に集中していることである。とりわけパペーテの中心地にあるマルシェ（中央市場）とその周囲では、中国人経営の店舗が多く立ち並ぶ。一九六〇年代にタヒチ島を訪問したＮＨＫの取材班は、次の

写真2　中国風の飾りで溢れる春節のマルシェ（2017年2月）

写真3　ウツロアの町。中国を彷彿とさせる景観ではないが、客家が多数店舗を構える。（2018年2月）

ように述べている。

> 「パペーテ二万の人口のうち、その五分の一にあたる四〇〇〇人が中国人である。彼らは…（中略）…タヒチの経済を支配している」［ＮＨＫ特別取材班　一九六五：七七］。

パペーテとその周辺のエリアでは、春節（旧正月）の時期になると中国人経営の店舗が赤い灯籠や傘、縁起物などを飾り付ける。特にマルシェとその付近では、獅子舞の演技もおこなわれ、一時的にチャイナタウン（中華街）を彷彿とするような光景に早変わりする（写真2）。

このような光景は、タヒチ島の中心部だけでみられるわけではない。一九六〇年にタヒチでフィールドワークを実施した人類学者リチャード・モエンチによると、一九五六年の時点において中国人は、タヒチ島に五四九四人、ライアテア島に五二九人、モーレア島に三二八人、フアヒネ島に一五四人いた［Moench 1963: 2］。一九六〇年代になるまでに、彼らは各島の中心街で次々と店舗を開いていった。

ソシエテ諸島の離島のなかでも、特にライアテア島の中心街であるウツロアと、フアヒネ島の中心街であるファレには、今でも中国人経営の店舗が集中している。これらの店舗の大半は、二〇世紀前半にタヒチに移住した旧移民とその子孫によって経営されている。たとえば二〇一八年二月の時点でウツロアの店舗のあるオーナーは、少なく見積もっても中国人が八〇パーセントを占めていた。その大多数は、二〇世紀前半にタヒチへと移住した旧移民の子孫、特に客家であった。あるウツロアの店舗経営者によると、それでも近年はポリネシア系のマオヒや中国系新移民が店舗を開くことが増えており、以前のように古くから移住した客家ばかりが経営する街ではなくなったのだという（写真3）。

一九六〇年代になるまでには、中国系移民の影響力はソシエテ諸島だけでなく、タヒチ島から遠く離れたツアモツ諸島にも及んでいたようである。人類学者・畑中幸子の『南太平洋の環礁にて』では、ツアモツ諸島のプカルアで商売を営む李寿という人物が登場する。一九一四年にタヒチに渡った李寿は、プカルアの七か所に土地をもっており、地元の島民（マオヒ）と土地の貸借関係を結んでいた［畑中　一九六七：八三、一二六―一三二］。

後述するように、特に一九九〇年代以降、フランス、香港、中国の各地から中国系新移民が次々にタヒチへと移住した。それにより、タヒチにおける中国人経営の店舗はますます増加している。ただし、タヒチでは、新移民が大量移住する前からすでに旧移民が社会的・経済的な力をもっていたのである。

二　移住の歴史と経済活動

1　一九世紀から二〇世紀前半の移住

では、中国人はなぜ、どのようにして南太平洋にあるタヒチへと移住したのだろうか。

よく知られる定説は、一九世紀半ばに綿花プランテーションの契約労働者として、数多くの中国人がタヒチに連れてこられたという説明である［畑中　一九六七：一二八、池田　二〇〇五：一二三―一二四］。確かに一九世紀半ばになると、初めて一〇〇〇人を超える規模の中国人契約労働者（クーリー）が雇われ、タヒチに到着した。

ただし、中国人は一九世紀半ばに初めてタヒチに到着したわけではない。一九世紀前半までには、中国人商人が広州市場向けの白檀、ナマコ、鼈甲、真珠貝、コプラ（ヤシ油の原料）を求めて、南太平洋島嶼部に進出していた。彼らの一部はタヒチにも進出した［イングリス　二〇一二：五一二］。中国人商人は太平洋を跨ぐ交易網を拡げており、なかにはタヒチに定住する者も現れた。歴史学者であるブルーノ・サウラによると、一九世紀前半には、中国山東省出身の若い男性がタヒチに上陸し、そこで現地の女性と結婚して数人の子供をもうけたという記録が残されている［Saura 2003: 14］。一八五一年には、客家の商人がマニラからタヒチへと移住していた［姜　二〇一五：九〇］。

一九世紀半ばに中国人がタヒチへと大量移住する契機となったのは、先述の通り、綿花栽培のプランテーションである。一八六〇年代に入ると、スコットランドの商人であるJ・スチュワートが、タヒチで綿花栽培のプランテーションを開こうとした。スチュワートは香港にいるイギリス人の役人を通して、中国人契約労働者を雇用した。一八六五年から一八六七年にかけて約一一〇〇人の中国人契約労働者がタヒチに来島し、主にタヒチ島南端にあるアティマオノで綿花プランテーションの労働に従事した。だが、スチュアートのプランテーションは、わずか一〇年ほどで破産した。中国人契約労働者の多くは中国に帰国し、タヒチに残った中国人契約労働者はたった二〇〇～三〇〇人であった。そのうちの一部は、モーレア島、フアヒネ島、マルケサス諸島に移住した［Moench 1963: 19］。

今日、中国人を自称するタヒチの旧移民の祖先は、二〇世紀前半に商売などの目的で移住している。綿花プランテーション労働に従事した契約労働者の子孫は、現在どこにいるのか容易には分からない。契約労働者たちは男性ばかりで移住したため、マオヒの女性などと結婚し、その子孫は言語・文化のうえでも外見のうえでも中国人であるかどうか分からなくなったのであろう。

二〇世紀前半に中国からタヒチへ移住した者の人口については、具体的なデータが残されている［Moench 1963:

23]。そのデータによると、タヒチへの中国人移民が増えた第一の波は、一九〇九年から一九一四年にかけてである。ちょうど中国で清朝が瓦解して中華民国政府に移行し、海外渡航の制約が緩和した時期にあたる。この六年間で二三二七人の中国人が移住した。一九〇四年から一九〇八年までは総計して一六八人しかいなかったから、渡航人数が急増したことが分かる。第二の波は、一九二一年から一九二八年で、この間に二二三一人の中国人がタヒチへ移住した。その要因の一つは、この時期に香港からパペーテへの直行の蒸気船が開通したことにある。第二波の特徴は女性の移民が増えたことである。第一波では女性が全体の一割に満たなかったが、第二波では約二三パーセント（五〇四人）を占めた。

2　二〇世紀後半における現地化の推進

中国人がタヒチに向かった主な理由は、バニラ、コプラ、真珠貝といった生産物を扱う商売のためである。バニラの生産は第一次世界大戦後に落ち込んだが、真珠貝の大きな市場が一九二八年頃までには存続していた。しかし、一九二九年に世界恐慌が起こり太平洋での商売に魅力が薄れていくと、タヒチへ移住する中国人は急速に減少した。

さらに、第二次世界大戦後、フランスと中国の国交が断絶したことにより、中国からタヒチへの移住が事実上停止した。一九四七年にはタヒチ在住の中国人約八〇〇人が二隻の船に乗って帰国した。ただし、タヒチに残った中国系住民はその後も人口増を続け、一九五六年のセンサスでは七四六五人を数えている［ウィルモット　二〇一二：五二七］。

一九五九年から一九六一年にかけてソシエテ諸島で実地調査をおこなったモエンチによると、この時期の旧移民の大多数は、商業と農業に従事していた。中心的な農業生産物はバニラと野菜であった。特に都市部に住む旧移民は、島と島を跨ぐ交易ネットワークを形成していた［Moench 1963: 44］。

写真4　パペーテの街頭で目立つロバート・ワンの真珠店（2017年2月）

一九六〇年代に入るとタヒチに根を下ろしていた旧移民たちは、新たな選択を迫られることとなった。宗主国であるフランスが同化政策を強めたのである。一九六四年にはタヒチに四校あった中華学校が閉鎖に追い込まれ、子弟はフランス語の学校に通わざるを得なくなった。また、フランスの市民でなければ各種のライセンスが得られず、開業すらできない状況になった。そのため、一九七〇年代までにほとんどの旧移民は、フランス国籍を取得した。

一九七〇年代頃から旧移民は、商業や農業だけでなく、サービス業や専門技術職にも参入するようになった。また、政界で活躍する旧移民も現れるようになった。一九七一年にパペーテ市長になったイェン・ホーワン（鄧仁広）、一九七〇年代に仏領ポリネシア議会の議員を務めたマイケル・ロー（劉月林）とアーサー・チュン（鐘富剛）は、その代表人物である[7]［ウィルモット　二〇一二：五二七］。

他方で、商業のうえで成功を収める旧移民も少なくなかった。タヒチの真珠王として知られるロバート・ワンもその一人である［Ly 2013: 217］。タヒチのいくつかの五つ星ホテルは中国人経営であり、パペーテの中心を走る道路の両脇の商店、スーパーマーケット、レストラン、雑貨店の七～八割は中国人と何かしらのかかわりがあると述べる学者もいる［姜　二〇一五：一〇八］（写真4）。

3　中国系新移民の増加

このように旧移民は、二〇世紀後半になるまでに、タヒチで政治経済的な影響力をもつようになっていた。そうしたなか、一九九〇年代に入ると新移民が増えはじめた。二〇一七年にあるフィリピン人のビジネスマンは、「一九九七年にタヒチを訪れた時はそうでもなかったが、今のタヒチは中国人が多い」と筆者に語ったことがある。

特に二一世紀に入ってから、中国からの新移民や観光客は増加の途を辿っている。新移民は、パペーテのマルシェ付近など、タヒチ各地で店舗を構えるようになった。後述するように、旧移民のほとんどは広東省出身の客家や本地人である。だが、新移民は、広東省だけにとどまらず、香港や福建省、湖南省などの中国各地から移住している。注目に値するのは、浙江省の温州や青田の出身者が新移民の一角を占めていることである。浙江省の温州や青田は多くの華僑を送り出している地であるが、なかでもフランスやスペインをはじめとするヨーロッパでは主要な一派となっている。フランスの浙江省移民が新たな商売の機会を求めてタヒチに再移住するパターンもみられる。

同じ中国系移民でも、旧移民と新移民とでは言語・文化の面で大きな違いがみられる。現在、旧移民の多くは二世、三世となっており、フランス語を母語としている。二世のなかには客家語や広東語を解する者もいるが、標準中国語を不得手としており、漢字がほとんど読めない旧移民も多い。それに対して、新移民は中国各地からの移民一世であり、標準中国語を流暢に使い、母国の習慣も残している。

三　旧移民のルーツ、華人団体の成立

1　旧移民のルーツ

旧移民のルーツが中国東南部の広東省にあることはすでに述べた。では、彼らは広東省のどのあたりから移住してきたのであろうか。

このことについて先行研究の記述は決して豊富ではない。だが、南太平洋島嶼部では旧移民のルーツを知る第

写真5　アルエのカルフール後方に広がる華人墓地。華人墓地としては南半球でも最大級の規模を誇る。(2017年2月)

一級の資料がある。華人墓地の墓碑である。墓碑には、生年月日と出身地が記載されていることが多い。タヒチではパペーテ近郊のアルエに巨大な華人墓地がある（写真5）。筆者はその管理団体の許可を得て年代の古い六〇〇基の墓碑を調べた。そのうち生年月日と出身地が明記されている墓碑は二五七基あった。

　そのデータによると、最も多い旧移民の出身地は現在の深圳市龍崗区（以下、龍崗）である。その比率は全体の約五二パーセントであり、過半数を占めている。龍崗は、香港の対岸に位置する客家の居住地である（地図2参照）。タヒチの旧移民のルーツは、龍崗を中心として、宝安、東莞、恵陽エリアに広がっている。宝安、東莞、恵陽エリアを合計すると約八二パーセントを占める。

　宝安、東莞、恵陽はいずれも広東省中部に位置している。宝安は、今の香港から深圳までを含む古い地名であり、東莞と恵陽は、宝安の東側に隣接している[8]。龍崗は宝安と恵陽が接するところにある。宝安、東莞、恵陽エリアに次いで多いのは、同じ広東省中部に位置する中山、南海、番禺、花県、鶴山、佛山、江門、台山、清県である。これら九の地域は全体の約一四パーセントを占めていた。

　逆に言えば、タヒチの旧移民のほとんどは香港、マカオから約一〇〇キロメートル圏内の広東省村落をルーツとしているということになる。それ以外の地域は、広東省東部の梅州（梅県とその隣の蕉嶺）、普寧、そして台湾・台南しかなかった。

　タヒチの中国人社会の間では、客家と本地人が旧移民の二大派閥であり、なかでも客家が多数派であるといわれている。墓碑の情報からも、客家の居住地である龍崗が過半数を占めているうえに、恵陽、東莞、中山、花県、鶴山、梅州など客家が多い地域も点在している。アイデンティティのうえからみても、タヒチでは、宝安、東莞、恵陽の出身者が客家、番禺、花県、増城、南海、中山、鶴山、台山の出身者が本地人とみなされる傾向が強い。タヒチの旧移民のなかで客家が多数派であるのは、確かな情報である。

2　華人団体の形成

広東省からの移民は、タヒチにおいて生活の基盤を整えるべく、中国人による相互扶助組織（華人団体）を結成しはじめた。一九世紀後半にまず組織されたのは、吾行堂と信義堂であったといわれる。だが後に吾行堂が消失し、信義堂が残った。信義堂は今でも存在しており、関帝廟や華人墓地を管理する母体ともなっている。関帝廟と華人墓地は、移住の初期から旧移民の精神的支柱となってきた。関帝廟は、初期の移民により一八八六年に建設されている。また、一八八五年には時のタヒチ国王ポマレ五世の息子が信義堂にアルエの一画を贈呈し、その地は華人墓地となった［Moench 1963: 27］。

信義堂は一九一一年に正式に国家登録された。当時、タヒチの中国人社会で強い影響力を誇っていたのが、銀行家であるチン・フー（陳世崇）であった。信義堂が公的に登録された一九一一年は、ちょうど中国では孫文が主導する国民党が中華民国を建国しようとする時期でもあり、それはタヒチの中国人社会にも多大な影響を与えた。

一九一五年になると、信義堂の内部で国民党を支持する派閥と国民党と距離を置く派閥に分かれた。一九一八年に前者の派閥が国民党支部をつくると、チン・フーはそれに対抗して中華会館を一九二一年に建て、中立的な団体とした。その後、一九四〇年代までに致公堂、七郷会館といった団体が組織され、タヒチの華人団体の基盤をつくった［Moench 1963: 29-30］。

写真6　信義堂の会館。パペーテ市内のマルシェ付近（東北側）にある。会館は三階建てで三階に事務所と会議室がある。（2017年2月）

一九九五年、タヒチの華人団体は再編され、信義堂をトップとして、一〇の団体がその傘下に入ることになった（写真6）。この体制は今でも続いている。信義堂の傘下にある一〇の団体は次の通りである。(9)

①中華会館（L'association Philanthropique Chinoise）：一九二一年にチン・フーにより設立された。現在、会館は宴会場として使われることもある。標準中国語、客家語、書道の授業、中国語―フランス語通訳、中国への語学旅行などを提供している。

②国民党第一支部（Association Koo Men Tong 1）：一九一八年に国民党の支持者により設立された。一九四二年に国民党支部の間で分裂が生じ、それまでの組織が国民党第一支部となった。現地では「老党」とも呼ばれている。パペーテに所在する。

③国民党第二支部（Association Koo Men Tong 2）：国民党内部の分裂によって一九四二年に成立した。「新党」とも呼ばれる。パペーテに所在する。

④国民党第三支部（Association Koo Men Tong 3）：ライアテア島のウツロアに設置された国民党の支部。「新党」により親しい組織である。

⑤七郷会館（Groupe Des 7 Villages）：番禺、花県、増城、南海、中山、鶴山、四邑（台山ほか）の七つの地域の出身者による同郷団体。前身は「南海広安会（La Nam Hoi Kon On Woi）」という。この団体は同郷団体であるとともに、本地人の団体でもある。信義堂は客家が多数を占めるため、本地人が結束してこの団体を設立したという。(10)

⑥致公堂（Association Chee Kong Tong）：華人の国際的なフリーメーソンとして、一九三七年にタヒチでも結成された。清朝三大秘密結社の一つである天地会に属す秘密結社である。

⑦スーユエンホイ（Si Yuan Hui）：チン・フーをはじめ二〇世紀前半に信義堂を支えていた七名の理事を追憶し、主にその一族が組織した団体。一九九四年に成立した。チン・フーの一族が幹部を務める傾向が強い。

⑧ウェンファ（Wenfa; 文化）：一九七六年に現地の知識人によって結成された団体。中国系移民が中国由来の文化を失っていくことに危機感を抱き、中国文化の保存と振興を推進してきた。今でも会員は定期的にレストランなどで集まり、華人のルーツや姓氏を研究したり、客家文化について議論したりしている。

⑨テ・バイネ・ポリネシア（The Vahine Porinetia）：一九七七年に華人女性のための相互扶助団体として組織された。テ・バイネ・ポリネシアは、タヒチ語で「ポリネシア女性」を意味する。いわゆる華人婦女会。

⑩フィシグマ会（Association Phisigma）：中国系移民のスポーツを推進する組織として、一九九一年に設立された。活動の幅を中国人に限定していないことに特徴がある。民族の垣根を超えた、新たなタイプの団体組織である。

一九九五年以降、信義堂の会長は、これら一〇の団体より選出されている。信義堂は独立した上位組織であるというよりは、一〇の団体を共同管理する組織である。

四　ポリネシアン・チャイニーズ意識の生成

1　言語とアイデンティティ

台湾の言語学者である姜貞吟によると、一九五〇年代、旧移民の多くが客家語を話しており、商売などで必要なタヒチ語を時に話した。タヒチでは客家が多数派であるため、本地人も客家語を話すようになったのだという［姜二〇一五：九四、一〇四］。だが、一九六〇年代にフランスの同化政策が強まると、旧移民の子弟はフランス語教育を受けるようになり、フランス語が主要言語となっていった。二〇一八年の時点では、客家語を話す旧移民はほぼ高齢者層にとどまっており、中青年層は聞き取れても話すことができない。また、一般的に旧移民は、高齢者層から青少年層にいたるまで標準中国語を不得手としており、標準中国語よりも英語を流暢に話す旧移民も多い。

言語だけではない。文化（習俗・信仰）も現地に同化していった。その原因には、フランスの同化政策やタヒチの多民族的状況だけでなく、一九五〇年代から一九七〇年代まで中国と断交してきたことがある。中国とのつながりを失った一方で、旧移民の子弟はマオヒやフランス人と同じ学校に通い、同じコミュニティで住むようになった。さらに、民族の垣根を超えた通婚も進んだため、特に都市部では、旧移民、マオヒ、フランス人の間の衣・食・住のうえでの差異がますます縮まっていった。旧移民は普段はいささか南国風の服を着ているし、後述のように旧移民の「中華料理」は故郷の広東省のそれとはずいぶん異なる。旧移民の宗教もキリスト教が多数派となっている(11)。

このような状況が進むにつれ、一部の旧移民は自身の言語や文化が喪失していくことに危機感を募らせるようになった。それにより、早くも一九七〇年代後半には、先述した華人団体ウェンファを中心とし、中国文化の「復興」が試みられた。

その背景としてマオヒの文化復興の動きを無視することはできない。一九七〇年代に入ると、ポリネシア系であるマオヒのダンス、演劇、絵画などが支援された他、レオ・マオヒ（タヒチ語）による番組も放映されるようになった。さらに一九七六年にはポリネシア人の祖先のカヌーを復元したホクレア号がハワイからタヒチへの航海を再現したことにより、マオヒは自らの起源と文化に対する誇りを呼び起こすことになった［桑原　二〇一〇：一二五］。そうした出来事に触発され、旧移民たちも中国由来の文化を重視しはじめた。

その牽引役になったウェンファは、まず一九七九年に『中国人コミュニティの歴史と素描』を出版し、タヒチの中国人に関する記録を残した。さらに彼らは、多民族社会としてのタヒチの将来に期待を寄せ、自身をポリネシアの一構成員として位置づけた［Wenfa 1979］。つまり、彼らは、自らを純粋な中国人ではなく、ポリネシアン・チャイニーズであると表明したのであった。

そのうえで、タヒチの旧移民は特に一九八〇年代後半から一九九〇年代前半にかけ、さまざまな活動――記念碑の設立、祭祀儀礼、年中行事など――に着手しはじめた。その活動の重点は必ずしも祖先から伝えられた文化を継承することにない。ポリネシア文化の一つとしての中国文化を強調することに重点が置かれている（それゆえ「復興」とカッコつきで表記している）。その活動の一端をみていくとしよう。

2　一九八〇～九〇年代の文化「復興」運動

一九八〇年代後半から一九九〇年代にかけて展開された旧移民の文化「復興」運動については、ちょうどこの時期にタヒチでフィールドワークを実施した台湾の人類学者・童元昭の民族誌に詳しい。童元昭によると、この時期に展開された主な動きは、（A）関帝廟の再建、（B）華人上陸記念碑の設置、（C）華人墓地での沈秀公祭祀、（D）春節祭の開始、である［cf. Tung 1993; 童　二〇〇〇］。

（A）関帝廟の再建

関帝廟とは、忠義や商売の神である関帝（三国志の英雄の一人である関羽）を祀る施設である。すでに述べた通り、一八八六年に建設された。パペーテの中心街にあるマルシェや信義堂から北に歩いて一五分ほどのところに位置する（写真7）。

写真７　パペーテにある関帝廟。中国の寺廟としてはオセアニアで最大級である。（2018年２月）

旧移民の大半はキリスト教徒となったとはいえ、関帝廟は、華人の精神的支柱として依然として重視されている。一九八一年に一度消失したが、一九八七年に再建された。再建後の関帝廟は相当の規模と広さがあり、関帝が座す廟の向かい側はミニ・スタジアムとなっていて、多くの観客が年中行事を観覧することができるようになった。

（Ｂ）華人上陸記念碑の設置

繰り返すと、いま中国人を名乗る旧移民の祖先は、二〇世紀前半にタヒチで根を下ろした商人の子孫である。だが、中国文化の「復興」運動が高まるにつれ、一八六〇年代に多くの中国人契約労働者がタヒチに来島して綿花プランテーション労働に従事したという事実は、旧移民にとって重要な歴史的シンボルと化していった。彼らは、その歴史的出来事が中国人の苦難の移住史を最も顕著に表していると考えたからである。

一九九〇年三月、一部の旧移民は、プランテーション契約労働者の来島一二五年を記念して、華人上陸記念碑を設置した。その主体となったのは、ＣＯＪＯＣという団体であった。同年三月二五日に催されたセレモニーでは、パペーテ市長が挨拶を述べた後、団体の代表が綿花プランテーション労働者の苦難と現地社会への貢献を強調した。また、それにより華人とマオヒが互いに協調・融合していった歴史も語られた[12]。

（Ｃ）華人墓地での沈秀公祭祀

中国文化「復興」運動が進むなか、苦難の歴史のシンボルとして旧移民の注目を集めたのが、沈秀公（Chim Soo Kung）であった。彼の名は沈先秀または沈秀純といったが、中国語で尊敬する人物に与えられる「公」の字を末尾につけ、沈秀公と呼ばれた。

沈秀公は、フランス海外植民地で最初に処刑された中国人である。言い伝えによると、当時の綿花プランテーションで中国人労働者たちが人命を賭け事にしたことを咎め、フランス政府は全ての中国人を解雇しようとした。そうしたなか沈秀公は無実であったにもかかわらず罪を申し出て、皆のために処刑された。一八六九年のことである。労働者たちは彼が身を捨てて義を守ったことに心を打たれ、墓を建てて祭祀をおこなったのだという。

沈秀公の墓は後に信義堂の管理下に置かれ、他の華人と一緒にアルエの華人墓地で埋葬された。現在、アルエの華人墓地の入り口近くにある沈秀公の墓は、一九六九年五月に建てられている（写真8）。さらに、一九八九年、致公堂は、彼らが最初の会員と信じる沈秀公の墓を修築し、一九九〇年五月一二日に盛大な祭祀活動をおこなった。この時は、パペーテ市長など高官も挨拶し、その後、宴席が設けられた。

写真8　沈秀公の墓。華人墓地の入り口にあり、白く大きいためひときわ目立っている。（2018年2月）

（D）春節祭の開始

春節とは、旧暦一月一日のいわゆる旧正月である。タヒチでは伝統的に各家庭で春節の祝い事がなされてきたが、一九九〇年以降、華人団体の主導で公的に春節行事が催されるようになった。春節の行事を企画したのはウェンファである。ウェンファは、一九八九年から準備を始め、一九九〇年の春節時（一月末）に三日間にわたる活動をおこなった。

3　二一世紀の年中行事――二〇一七年、二〇一八年の事例から

一九九〇年前後に端を発する一連の中国文化「復興」運動は、タヒチの中国人社会における「中国的な」年中行事の基礎をつくりだした。その内容は

写真9　マルシェにおける春節の獅子舞（2018年2月）

二一世紀に入るとさらに豊富になっており、中国由来の多種多様な年中行事が催されるようになっている。筆者は二〇一七年、二〇一八年、二〇二三年の三度、タヒチを訪れたが、特に二〇二〇年からは新型コロナウィルスが感染拡大したこともあり、ここでは感染拡大前の二〇一七年と二〇一八年の事例を中心として、タヒチの中国人社会における年中行事を概観していくとしよう。

まず、タヒチの中国人社会において最も賑やかになるのは、旧暦一月一日から一五日にかけてである。この時期になると、マルシェ一帯は中国風の飾りに溢れる。

旧暦一月一日の春節では、獅子舞が催される。春節祭は関帝廟における獅子舞から始まる。朝七時前には獅子舞チームが関帝廟に集まり、それが終わると獅子は市内の中国人経営の店舗に行き、踊る。マルシェでは、八時頃から獅子舞が始まる（写真9）。この時に参与する獅子舞チームは複数あるが、ヨーロッパ系やマオヒとの混血や、非中国系の男性も参加している。マルシェにおける獅子舞が盛りあがりをみせると、今度は獅子舞チームが信義堂に集まり、多くの観客のもとイベントが開始する。朝八時過ぎに信義堂の会長が客家語とフランス語で挨拶をすると、獅子舞による壮麗なダンスがはじまる。獅子舞チームでタンバリンを担当する古装の男性が祝辞を述べると、信義堂での獅子舞は終了する。

ただし、その後も、パペーテの市内や郊外では獅子舞が各店舗をまわり、踊る。獅子舞は、厄除けをし、幸運を招く芸能と目されており、特に商売人は商売繁盛を願って獅子舞を招く。それゆえ中国人の店舗は、獅子舞を招いて踊ってもらい、「紅包」という赤いお年玉袋のようなものを渡して報酬を払う。このとき獅子舞を呼び「紅包」

を渡すのは中国人だけでなく、ポリネシア系先住民など非中国人が含まれることがある。獅子舞は午前中が最も賑やかであるが、午後でも各店舗で獅子舞が招かれる。

春節の次に賑やかなのは旧暦一月一五日の元宵節である。ただし、春節と元宵節の間の日曜日は文化の日（Journée Culturelle）があり、この日も朝八時から獅子舞などの芸能イベントが催される。そして、文化の日が終わると、元宵節に続いていく。

元宵節は旧暦一月一五日にあたり、新年の最初の満月の日である。この日のイベントは主に夕刻からはじまる。二〇一七年の例をあげると、まず一七時半頃にパペーテの市庁舎に獅子舞チームなどが集まり、獅子舞を先頭にした長い行列が関帝廟まで練り歩く。鶏の像を乗せた輿が、行列の中央にあるのが目立つ。像が鶏なのは、この年が酉年だからである。行列は、警察官に誘導されながら、また観客に見守られながら、関帝廟に辿り着く。一九時になると、関帝廟の前にあるミニ・スタジアムのような劇場で、歌唱や舞踊などのイベントが催される。主催者、演者だけでなく、肌の色が異なる多数の観客が関帝廟に集まり、歌唱や舞踊などを見学する。信義堂の会長など主催者側がフランス語と客家語で開幕の辞を述べた後、イベントが開始する。

写真 10-1　関帝廟前の舞台で催される元宵節のイベント。中国風の衣装を纏った踊り。（2017 年 2 月）

二〇一七年の演目は一八であった。そのうち獅子舞が一、歌唱が三、太極拳が三、舞踊が一一と、舞踊の比率が高い。一一の舞踊のうち一〇は女性だけで構成されていた。その多くは中国風の衣装に身を包んだ女性が、中国風の提灯、傘、扇を持って踊ったり、リボンや長い袖を振り回しながら踊ったりする。舞踊の演目のうち二つは、雲南タイ族の楽器であるひょうたん笛（葫

写真 10-2　関帝廟前の舞台で催される元宵節のイベント。ポリネシア風の衣装を纏った踊り。(2017 年 2 月)

芦丝）を吹きながら孔雀舞をするなど、西南少数民族の風情を醸し出していた。一二名の女性が黄色いポリネシア風の衣装に身を纏い、中国語の曲に合わせながらポリネシア風のダンスを踊る演目もあった（写真10）。

元宵節のイベントでは、客家色や広東色が表出することはあまりなく、一般的にイメージされる「中国」や中国観光で有名な西南少数民族の音楽・舞踊、もしくはポリネシア風との結合が前面に出ている[13]。タヒチの旧移民のルーツである広東省の客家地域では、元宵節は一年で最も賑やかな年中行事の一つであるが、もともとは男児の誕生を祝う儀式である［河合 二〇二〇a：一一二—一一三］。しかし、関帝廟のイベントはそのような性質が一切なく、民族の垣根を越えて「中国文化」に親しむものとなっている。

目下、タヒチの中国人社会では、春節祭や元宵節だけでなく、さまざまな年中行事が催されている。たとえば、旧暦五月五月の端午節では、粽を包んで食べたり贈ったりするだけでなく、パペーテの沖合でドラゴンボート・レースも催す。ドラゴンボート・レースは龍の形をしたボートに乗って漕ぎ速さを競う年中行事で、中国南部で広く催されている。ドラゴンボート・レースは中華会館の主導で新たにはじまったイベントであり、タヒチの住民が民族の垣根を越えて親しむ「中国文化」の一つとなっている。また、タヒチの中国人社会では、中秋節（旧暦八月一五日）、クリスマスなどの行事も多くは各家庭や各団体で催す。クリスマスは西洋由来の行事であるが、春節にはじまり元宵節、端午節、中秋節と続く流れは、広東省だけでなく中国各地で一般的にみられるそれと共通している。これらの年中行事の際には、旧移民だけなく、新移民もイベントに参与・傍観したり、個別に家庭や仲間内で祝ったりする。

とりわけ旧移民の間で春節、元宵節に勝るとも劣らない重要な行事は、「掛山《カーサン》」である。掛山は客家語で墓参りを指す。いわゆる祖先崇拝の活動である。前述の通りタヒチの旧移民はキリスト教徒が多数派になっているが、彼らの多くは他の信仰を排除していない。

掛山は、旧移民の祖先がタヒチで根を下ろしたときから続けられている活動である。一年のうち四月頃と一〇月頃、おおよそ中国の清明節と重陽節の時期に行われる。この時、旧移民たちは華人墓地などにある祖先の墓に出かけて祭祀活動をおこなう（写真11）。

掛山は新たに創られた活動ではないが、中国文化の「復興」運動が高まりをみせるにつれ、旧移民の間で特別な意味を付与されるようになった。彼らは年に二回の墓参りをする活動に華人性、特に客家としてのアイデンティティを見出すようになったのである。

タヒチでは日頃からフランス語を話し、漢字が読めない中国系の若者が増えている。そうした若者たちにとって、華人墓地という場に足を踏み入れ、漢字が刻まれた墓碑を目の当たりにし、その前で参拝する掛山の活動は、自身に中国人の血が流れていることを自覚する機会となっている。マオヒを自称していた若者が、「掛山」に参加し祖先の一人が中国人であることを知ったことで、中国人としてのアイデンティティに目覚めた例もある(14)。

写真11　秋の掛山活動。今ではフランスの万聖節（Toussaint）の時に秋の祭祀をする例も少なくない。（2023年11月）

4　食にみるオセアニアン・チャイニーズ意識

一九七八年末に中国で改革開放政策が始まり対外的に門戸が開くと、旧移民たちは祖先のルーツを求めて「故郷」である広東省を次々と訪れるようになった。だが、彼らはそこで一種の衝撃を受けることになった。

この時点で旧移民の多くはすでにタヒチ生まれの二世・三世となっており、フランス語を主とする学校に通い、民族の隔たりなく生活を営んでいた。彼らは外見こそ中国人とかわらなくても、客家語や標準中国語をほとんど話すことができず、慣習その他も土着化していた。そのため、祖先のルーツを辿って親戚と会っても言葉が通じず、歓迎されないこともあった。さらに、タヒチの客家の主要なルーツである深圳市や東莞市は、まさに改革開放政策の最先鋒にあり、特に一九八〇年代から急速な開発が進んだ。彼らが思い描いていたのどかな田園風景はすでになく、工場が林立する地になっていた。そのため、旧移民は帰郷した実感すら湧かなかった。さらに、家庭でも仕事でも「よそ者」として扱われた経験から、次第に自身は「普通の中国人ではない」と考えるようになった。[15]

筆者がタヒチで知り合ったA氏（三〇歳代）もその例に漏れない。A氏はタヒチ島で中国系レストラン（以下、中華料理店）を経営する、タヒチ生まれの客家三世である。フランス語と英語を主に話し、中国語、広東語、客家語はあまり解さない。彼は二〇〇〇年代に中国で商売を営もうと父親と深圳市に行ったが、言葉も慣習も異なるため常に外国人扱いされた。龍崗の親戚も関係が遠いために頼ることができず、二年でタヒチに戻った。彼はその経験から、自身が大陸の中国人ではなく、ポリネシアの中国人であることを実感したのだと語る。

興味深いのは、彼らは、ポリネシアの中国人であることと客家であることを時として重ね合わせていることだ。そうした意識は、食において顕著に現れている。

タヒチでは、意識のうえでフランス料理、ポリネシア料理、中華料理の別がある。ただし、客家料理店の看板を掲げる専門店はない。私はタヒチで三二名から中華料理にまつわる話を聞いたことがあるが、非中国系の住民（マオヒ六名とヨーロッパ系二名）は中国由来の料理を中華料理という大きなカテゴリーで括るか、いくつかの食については中華料理であるとすらみなしていない。浙江省出身の新移民二名は、タヒチの旧移民たちの食を全て「広東料理」という枠組みで括っていた。タヒチの旧移民は客家が多数派であるが、非中国系住民や新移民は、タヒチの旧移民の食が客家料理であるとは想定していない。

一方で、旧移民の間でも何が客家料理であるかを必ずしも日頃から意識しているわけではないが、それでも彼らは「○○は客家料理である／ない」と語ることがある。筆者が話を聞いた旧移民（二二名）の間でほぼ共有していたのは、特に一九九〇年代以降に新移民によりもたらされた食——たとえば「焼鴨」（Canard laqué）、広東風チャーハン（Riz Cantonais）など——や、近年創作された食——中国風刺身（Poisson Cru à la Chinoise）など——は、客家料理ではないという認識である。それに対して、タヒチの旧移民の間で昔から親しまれてきた——つまり土着化した——食は客家料理である。その代表として彼らがしばしば挙げるのは、マア・ティニト（Maa Tinito）である（写真12）。マア・ティニトは、パスタ、紅豆、豚肉、野菜を混ぜて炒めた料理である。パスタが入っていることからも分かるように現地化されており、中国広東省では同じ料理はみあたらない。

写真12　マア・ティニト。タヒチ語で「マア」は「食」、「ティニト」は「中国の」を意味する。フォークを使って食べるのが一般的である。（2017年2月）

A氏もまた客家料理とはタヒチの旧移民が昔から親しんできた食であると語る。そのなかで彼が最も代表的な客家料理として挙げたのは、**Porcelet au lait de Coco** と **Porc Taro** である。前者は、皮がカリカリした広東風の「焼豚」であり、新鮮な搾りたてのココナツ・ミルクにつけて食べる。後者は豚の厚切りであり、中間にタロイモを挟む。A氏によると、この二つが代表的な客家料理であるのは、ココナツやタロイモといったポリネシア系先住民（マオヒなど）が好む食材が組み合わされているからである。それこそ

写真 13-1　広東風の醸豆腐（2017 年 2 月）

写真 13-2　タヒチの醸豆腐（2017 年 2 月）

がポリネシア化した中華料理、すなわち客家料理を表すのだという。

　他方で、広東省では、梅菜扣肉《モイツョイカウニョッ》、醸豆腐《ヨンテウフ》、塩焗鶏《イムゴッゲイ》といった料理が典型的な客家料理として挙げられる。だが、それらはタヒチでは必ずしも代表的な客家料理とはみなされていない。梅菜扣肉と **Porc Taro** は似ているが、前者が紫蘇、後者がタロイモを用いる点で異なる。醸豆腐はタヒチにも存在する。だが、広東省の醸豆腐が豆腐の中に肉を入れる料理であるのに対し、タヒチでは醸豆腐は豆腐と肉を砕きそのうえにあんかけをするスタイルに変わっている（写真13）。

　そうしたなか、二〇一八年には広東省と湖南省から来た新移民のコックがパペーテ市内で中華料理店を開き、大陸風の醸豆腐を提供した。新移民は、一つ一つの豆腐に肉を入れていく広東省のスタイルこそが本当の醸豆腐であると認識している。だが、これに対して旧移民はそれが「ニセモノ」であり、客家料理ではないと口々に話している。何が客家文化であるかの意識もこの南国では変化しているのだ。

　タヒチの旧移民は、この南太平洋の島々で独自のオセアニアン・チャイニーズ意識を育んでおり、それを部分的に客家という概念と融合させている。そして、そうした意識は二〇一〇年代以降に特に増加した新移民の波のなかで、ますます強まっている。

2　ニューカレドニア

一　地理と人口構成

1　地理と公用語

タヒチと同じく、ニューカレドニアはフランスの海外領土である。面積はおよそ一万八五〇〇平方キロメートルで、その面積のほとんどは最大の島であるニューカレドニア島（グランドテール島）で占められる。その他、ロイヤルティ諸島、パン島（イルデパン）などの小さな島が周囲にある。首都はニューカレドニア島の南部にあるヌーメアである（地図4）。ヌーメアの市街地とその南にあるアンスバタは有名な観光地でもある。公用語はフランス語である。

ニューカレドニアは、世界有数のニッケルの生産地でもある。森村桂の『天国にいちばん近い島』（一九六六年初版）の舞台としても知られており、日本からの観光客も多い。現在、成田空港と関西国際空港からヌーメアまで直行便があり、片道八～九時間で往復できる。日本にとっては身近な南太平洋島嶼部の一つである。

2　人口構成とアジア系、中国系移民

二〇一九年の統計[16]によると、ニューカレドニアの人口は約二八万人である。その過半数は、首都ヌーメアとその周辺に居住している。民族構成は、メラネシア系が約四三パーセントで、ヨーロッパ系の約三七パーセント、ポリ

地図4　ニューカレドニア（筆者作成）

写真14-1　ヌーメア市街区のアジア人街。正面の牌門。(2020年1月)

写真14-2　アジア人街における「中国城」の表記がある建物（右）。(2020年1月)

ネシア系の約一二パーセント、アジア系の約五パーセントがそれに続いている。[17] メラネシア系（オーストロネシア語族）のマジョリティは、先住民のカナックである。カナックは、ニューカレドニア島の村落部や離島での人口比率が高い［中村　二〇〇一：三一三―三一五］。

ヌーメアの市街区やアンスバタを歩くと、統計の数値以上にアジア系の人びとが目立つ。市街区には立派な門牌が立つアジア人街もある（写真14）。統計のうえでは、インドネシア系が二二七〇人、ベトナム系が二二五〇人、その他のアジア系が七八九人となっている。統計上はインドネシア人が最多となっているが、ヌーメアの市街区やアンスバタで店舗を経営している人びとはベトナム系移民が目立つ。中国系移民は、統計上でも「その他のアジア系移民」で括られるように、アジア系移民のなかでも少数派である［中村　二〇〇五：一九七］。アジア系移民の間で中国人が圧倒的なプレゼンスを放つタヒチとは、かなり様相が異なっている。

ただし注意しなければならないのは、ニューカレドニアの中国系住民は、タヒチやベトナムからの二次移住者が多いということである。端的に言えば、ニューカレドニアでは「タヒチ人」や「ベトナム人」とみなされている人びとのなかに、中国ルーツの人びとが少なくない。オーストラリアから再移住した中国人もいる。そのため、ニューカレドニアでは統計で示されている以上に多くの中国人が生活している。

では、中国人はなぜ、どのようにしてニューカレドニアに移住したのだろうか。管見の限り、ニューカレドニアの中国人に関する体系的な研究はほとんどないが、一部の先行研究と筆者が現地で聞いたライフヒストリーに基づき、移住の歴史を復元してみよう。

二　移住の歴史、ルーツと言語

1　二〇世紀前半の移民

現在、ニューカレドニアに住む中国人の絶対的多数は、二〇世紀後半以降にこの地に移住している。一九世紀半ばには中国人がニューカレドニアに寄港していたという説もあるが、それは一時的な停留であり〔市川 二〇一〇：一一〇〕、二〇世紀前半まで中国人はほとんどこの地に定住していなかった。では、なぜ同じフランスの統治下であるにもかかわらず、ニューカレドニアの中国人移民は前章でみたタヒチとかくも異なっているのであろうか。中国人が二〇世紀前半までにニューカレドニアにほとんど来島しなかった理由については、小林忠雄が『ニュー・カレドニア島の日本人』（一九七七年）で部分的に触れている。

小林によると、一八五三年にフランス領になってから、ニューカレドニアでも綿花、サトウキビ、コーヒーの農園や牧場が切り拓かれた。一八六六年七月の時点では、三三五人の外国人移民がいたが、そのなかにはアジア人が含まれていた。その多くは、環インド洋のレユニオンから来たヒンドゥー教徒だったという。ニューカレドニアの初代総督を務めたギラン海軍少将が同じフランス領であるレユニオン島とつながりがあったのが、その要因とされる［小林　一九七七：一七―二一］。

一八六三年、貴重な金属資源であるニッケル鉱石が確認されたことで、宗主国であるフランスは、鉱山労働者を必要とするようになった。初めはメラネシア系の先住民が働いていたが、次第に勤勉で知られるアジア人に目を向けるようになった。一八九一年にはベトナムをはじめとするインドシナ半島から八〇〇人の移民が、一八九二年には日本からの移民が、一八九三年にはインドネシア人労働者が到着した［小林　一九七七：二二―二三］。

この時にベトナムやインドネシアから移住した人びとのなかに中国系労働者が含まれていた可能性があるが、その詳細は明らかではない。いずれにしても、タヒチのように中国から労働者が大量に移住した形跡は残っていない。ただし、小林は、ニューカレドニアでも中国人移民を労働者として受け入れようとした過去があると述べる。

小林によると、ニューカレドニアの鉱山会社ル・ニッケル社は、一八九〇年三月に香港の日本領事館とコンタクトをとり、労働移民を送るよう申し入れた。だが、日本本国はこれを拒否した。その翌年、今度は中国山東省煙台市の日本領事館に連絡し(18)、二〇〇〇人ほどの中国人労働者を雇い入れたいと申し入れた。中国南部の広東省ではなく北部の山東省に目をつけたのは、北方人がより屈強であるという情報を得たからである。日本政府は北京のフランス領事館も交えて中国（清国）政府と交渉をしたが成立せず、結局、日本人の契約労働者を移民として送り出した［小林　一九七七：三七―五〇］。

中国からニューカレドニアに契約労働者が集団移入しなかったのは、こうした外交の経緯に由来する。二〇世紀前半のニューカレドニアのアジア人社会では、中国人が表舞台に現れず、ベトナム人、インドネシア人、日系人がその主要構成員であったというのが現在の通説である。太平洋協会が一九四四年に刊行した現地報告書を見ても、そこには中国系移民についての記載がない［太平洋協会（編）一九四四］。他方で、この本ではインドシナ人が主としてトンキン、すなわちベトナムの北部出身であると記されている。

2　タヒチからの移住――一九五〇年代以降

いまヌーメアとその近郊に住む中国人は、ほぼ例外なく二〇世紀後半に各地から移住してきている。二〇世紀後半にまずニューカレドニアに移入してきたのは、タヒチで生活を営んでいた中国人、特に客家であった。タヒチでは、一九五七年から一九六三年にかけて経済不況にみまわれた。そのため、一部の中国人はタヒチの外に活路を見出し、この時期に同じフランスの海外領土であるニューカレドニアに移住した。彼らはニューカレドニアで鉱山労働に従事し生計を立てたり、中華料理店を開業したりしたが、やがては雑貨店、ホテル、スーパーマーケットなどにも手を拡げ、現地に根を下ろしていった［ウィルモット　二〇一二：五一八］。その後、タヒチに戻った者もいれば、オーストラリア、ニュージーランドと行き来するようになった者もいる。

タヒチからの移住者は原則的にフランスの国籍をもつ旧移民である。ニューカレドニアに移住してすでに半世紀余りが経つため、現在は三世・四世になっており、一般的にフランス語や英語を話す。一部の例外を除くと、彼らは客家語や標準中国語を解さず、漢字もほとんど読めない［張　二〇二〇：一九六］。

3　ベトナムからの移住――一九七〇年代以降

ニューカレドニアの中国人をめぐる研究は――これまで事典や報告書の類に限定されていることもあり――タヒチから移住した客家に焦点を当ててきた［ウィルモット　二〇一二、張二〇二〇］。だが、ニューカレドニアの中国人を

写真15　南海仏陀の入り口（2018年9月）

語るにあたり、ベトナムから移住した人びとの存在を無視することはできない。

ベトナムの中国系移民がニューカレドニアに再移住しはじめたのは、特に一九七〇年代末以降である。一九七〇年代末にはベトナムで中国人排斥の動きが高まったため、ベトナム在住の中国人は、中国に戻るか世界各地へ再移住していった。その主な再移住先は、香港、北米、ヨーロッパ、オーストラリアなどであるが、ニューカレドニアへと旅立った人びともいた。ベトナムとニューカレドニアはともにフランスの統治下にあったからだ。

ベトナムからの移民は、同国のマジョリティであるキン族が多く、それに比べると中国人（華僑華人）は少数派である。ニューカレドニアに移住したキン族の多くはベトナム北部の出身者であるのに対し、中国人はベトナム南部にルーツをもつという特徴がある。たとえば、ヌーメア郊外にあるチバウ文化センターの近くには、南海仏陀というベトナム寺院がある（写真15）。筆者が偶然そこに迷い込み話を聞いたところ、キン族の出身者の多くは北部の都市であるハノイ、ハイフォンとその近くの諸地域、特にニンビン省、タイビン省、ナムディン省の出身であるということであった。ニューカレドニアではベトナム南部出身のキン族は少数派なのだという。

前述の通り、キン族は戦前にはニューカレドニアで定住しており、一九六〇年代にベトナム戦争がはじまると、その人口数はさらに増えた。それに対して、中国系移民がベトナムからニューカレドニアに移住したのは、それより遅い一九七〇年代末以降である。彼らのほとんどは、南部のホーチミンとその周辺に住んでいた本地人または客家である。少数であるが、潮州人もいる。総じて言うと、ベトナムから再移住した中国人は、中国広東省をルーツとしている。

ベトナムからニューカレドニアに移住したキン族と中国人の間には――もちろん個人的関係にもよるが――それほど密接な交流はない。その理由として双方が挙げるのは、キン族が北部のベトナム語を話すのに対し、中国人は南部のベトナム語を話すからだという。ベトナム語は北部と南部で多少異なっており、言葉が分かりづらいところもあるそうだ。

全体的にみると、ベトナムから再移住した中国人は、タヒチ出身の中国人や後述する新移民と良好な関係を結んでいる。ベトナム系中国人の一世は、ベトナム語、広東語、客家語に加え、標準中国語を流暢に話せる人びとが多い。ベトナムの中国人学校で中国語教育を受けてきたからである。さらに、ニューカレドニアでは生活のうえでフランス語を使用する必要があるため、程度の差こそあれフランス語も学習している。二世となると、ベトナム語や標準中国語を必ずしも解さなくなるが、フランス語と広東語を流暢に話すことができる者はまだ多い。ベトナム系中国人の一世は、同じ広東省にルーツをもつ中国人として先に移住してきたタヒチ出身の客家と交流をもち、生活のうえで助けられてきたのだという声も聞く。ベトナム出身の本地人のなかには、タヒチの客家と交流するために移住後に客家語を勉強した者もいた。

なお、ニューカレドニアには、少数であるが、カンボジアから再移住した中国系移民もいる。[19]

写真 16　新移民経営の中華料理店へ食事に来るカナックの人びと（2018 年 9 月）

4　中国からの移住――一九九〇年代以降

仮に戦後のタヒチからの移住を第一波、一九七〇年代末以降のベトナム・カンボジアからの移住を第二波とするならば、第三波は中国からの移住である。一九七八年末に中国で改革開放政策が始まると、一九八〇年代には中国からの海外移住の波が世界各地で高まった。ニューカレドニアでは、特に一九九〇年代になる頃から徐々に中国からの移民が増加した。彼ら新移民は中国の各地から移住している。

とはいえ、ニューカレドニアでは、後述するバヌアツやフィジーほど大量の新移民が押し寄せていない。そのためか、現在のニューカレドニアで中国北部や西部の四川省・重慶市の出身者をみることは稀である。その多くは、香港、広東省、もしくはベトナムに北接する雲南省の出身者で占められている。

ヌーメアに住む新移民の一部は、広東省深圳市龍崗の出身者である。彼らはタヒチやニューカレドニアに親戚や友人がおり、そのツテを辿って移住してきた連鎖移民である。そのため、彼らは新移民といっても旧移民とのつながりが強い。実質的には、旧移民と新移民の中間的存在であるといえる。ただし、広東省からの移住者の全てが親戚のツテを辿ってきたわけではない。広東省中部の広州市や順徳県からコックなどの職を求めて単身移住してきた本地人も散見される。

ニューカレドニアの中国人社会は、タヒチやバヌアツに比べると相当規模が小さい。その一因として、ニューカレドニアが中国からの資本や移民を積極的に受け入れていないことが挙げられる。ニューカレドニアで最も中国人が多いと想定されるヌーメアでさえ、「ここの中国人はほぼ顔見知りである」（あるベトナム系本地人の言葉）ほどだという。

三　華人性の非／未創出？

1　中国系移民間の多元的状況

以上にみるように、ニューカレドニアでは、タヒチ、ベトナム、香港、中国などさまざまな出自の中国人が混じり合っている。ただし、ニューカレドニアの中国人は全体的に広東省にルーツをもつ人びと、特に客家が多い。タヒチから移住した中国人はほとんどが客家であり、ベトナムや中国から移住した層にも客家が含まれているからだ。

ニューカレドニアでは、一九七八年に「コミュノーテ・シノワーズ」という華人団体が結成された。ベトナム系中国人の移住が本格化する前のことで、タヒチから移住した客家が中心的な役割を担ってきた。リン・パン編『世界華人エンサイクロペディア』では、この華人団体について次のような記載がある。

「世界中の華人コミュニティのなかでは珍しく、役員の大半が女性である。クリスマスのピクニック、中国正月、母の日、フランス革命記念日のディナー、ダンス、中秋節の祝祭、来島する賓客に対する特別の催しを主催している」［ウィルモット　二〇一二：五一八］。

コミュノーテ・シノワーズは現在もあるが、タヒチから移住した二世・三世を中心としている。ベトナムや中国から移民した中国人は必ずしも参与しない。コミュノーテ・シノワーズには会館の建物がない。また、ニューカレドニアには華人墓地も、関帝廟のような信仰場・集会所もない。目下、タヒチのように、アジア人街などの公共の場所でともに春節などのイベントを催すこともない。

前述のように、ニューカレドニアでは各地から移住した出自の異なる中国人が混在しているが、仕事やプラベートで互いにつながりをもつことがある。たとえばヌーメアのアジア人街では中国人経営の店がいくつかあり、タヒチ、ベトナム、香港、中国から移住した移民が相互扶助的な関係を結んだり、雇用者―被雇用者の関係にあったりする。では、なぜ彼らは一緒になって春節祭などの行事をアジア人街などで催さないのであろうか。これについてアジア人街で働く複数の中国人は、「物価の高いニューカレドニアでは日々の生活を送るので精一杯だから、そのような余裕はない」のだと語る。

2　日常生活と脱領域的ネットワーク

では、ニューカレドニアの中国人は一体どのような生活を送っているのだろうか。このことについては、個人差があるため全体像を描き出すことは難しい。ここでは一部のベトナム系中国人の家庭を中心にみていくことにしよう。

たとえば、B氏（男性／五〇歳代）の一族は、広東省梅州市にルーツをもつ客家で、祖父の時代にベトナムのホーチミンへと移住した。B氏はホーチミンで生まれ育った。一九七〇年代末にベトナムで華人排斥運動が起きると、一九八二年に父親がB氏とキョウダイを連れてニューカレドニアに移住した。ニューカレドニアを選んだのは、親戚が先にこの地に移住していたからである。

B氏はホーチミンで広東語を話し、中華学校で標準中国語を学んでいたが、ニューカレドニアに移住したばかりの時は、フランス語ができず苦労したという。また、彼は客家であるがベトナムでは広東語とベトナム語を主に話していたため客家語ができず、ニューカレドニアに来てからタヒチ出身の客家に客家語を教わった。ベトナムで本地人の妻と結婚し、妻も一九八八年にニューカレドニアに移住した。B氏の弟や妹もニューカレドニアで世帯をつくっている。妹は香港から移住した客家と結婚した。

B氏とそのキョウダイの家族は、車の修理工、中華料理店のオーナーや従業員、寿司屋の板前などをして生計を立てている。B氏によれば、ニューカレドニアの中国人社会には客家が多く、車の修理工、レストランのオーナーや従業員、雑貨店などの経営といった職種に就くことが多い。皆が経済的に余裕ある生活を送っているわけではない。

ニューカレドニアは全般的に日本よりも物価が高い。一般的にヌーメアの中国人は居住費が比較的安い郊外に住んでおり、そこから車で市街地やアンスバタなどにある勤務先に通っている。B氏夫妻もその例外に漏れない。ヌーメアで暮らすには車の維持費や駐車料金も必要になるし、通勤にも時間がとられる。B氏夫妻は普段仕事で忙しいため、イルデパンなどニューカレドニア国内の観光地にすらも滅多に出かけないのだという。

ニューカレドニアの中国人が忙しく仕事をし、金を稼ぐのは、日々の生活を送るためだけではない。ニューカレドニアで高等教育機関はニューカレドニア大学しかないため、海外の大学を選択することが多くなる。フランス、またはオーストラリア、ニュージーランドの大学に行くと、より多くの支出が必要になる。

また、ベトナムから移住した家族は一世と二世を中心とするため、ベトナムや香港、または北米、フランス、オーストラリアなどに移住した親戚との付き合いもある。祖父母や両親の墓がベトナムの華人墓地にあることも多い。そのため、彼らはベトナムなど親戚や友人がいるところを頻繁に尋ねる。そのための費用も必要になってくる。

ベトナム系中国人のなかには、香港などを経由してニューカレドニアへ移住している家族もある。C氏（五〇歳代、女性）の家族は、ベトナム戦争が激化した一九七二年に香港に移住し、その後ニューカレドニアへと辿り着いた。C氏自身はフランスに留学した経験もある。こうした経歴をもつ家族の場合、香港やフランスにも頻繁に訪れることになる。

このように、ニューカレドニアの内外を頻繁に移住する傾向は、タヒチから移住した旧移民の間でも顕著である。彼らの両親や祖父母の墓はタヒチにあるため、祖先崇拝もタヒチに戻っておこなう。また、新移民も中国の故郷に戻って親戚に会ったり、墓参りをしたりする。うまく休暇がとれれば、中国の故郷で春節などの祝祭日を過ごす。

したがって、ニューカレドニアの中国系移民は、それぞれの故郷や親戚・友人の移住先と越境的なネットワークを築いている。だから、必ずしもニューカレドニアで祖先崇拝や年中行事を催す必要はない。また、春節、元宵節、中秋節など中国の祝祭日は、ニューカレドニアでは平日の仕事日であることが多い。この事情も、現地で年中行事のイベントを開催しない理由の一つとなっている。

3　現地化する生活文化――信仰・入れ墨・食

ニューカレドニアの中国人は、海を越えたネットワークを形成している一方で、現地に適応しながら日々の生活を営んでいる。

宗教信仰は、日常的・非日常的生活を左右する要素の一つである。フランス領であるニューカレドニアでは、タヒチから移住した客家だけでなく、ベトナムや中国から移住した一世の中国系移民であっても、キリスト教徒に改宗することが少なくない。

ただし、ベトナムや中国からの移住者である場合は多様性があり、たとえ同じ家族であってもキリスト教徒である場合とそうではない場合がある。ニューカレドニアの中国人社会では、仏教、道教の信者はあまりいない。キリスト教徒でない場合、大抵は無宗教である。無宗教といっても全く信仰心をもたない訳ではなく、祖先崇拝などはおこなう。ヌーメアの雑貨店に入ると、中国でよくみる祭祀用品が売られている。これは中国人やキン族が購入して、自宅で祖先崇拝をおこなうためのものである。

繰り返すと、ニューカレドニアには関帝廟など規模の大きい中国寺院はないが、南海仏陀と呼ばれるベトナム寺院がある。ただし、ベトナム系中国移民であってもこの寺院に参拝することはほとんどなく、その存在すら知らない人びともいる。南海仏陀の関係者に話を聞いても、ニューカレドニアでは混血が進んでいることがあり、中国の血筋をもつ人びとが訪れないわけではないが、全体的にみると少数派であるという。

中国人の多くがキリスト教に改宗する一方で、風俗・慣習にも変化が生じている。その顕著な例の一つが入れ墨である。ニューカレドニアではオーストロネシア系やヨーロッパ系住民の間で、入れ墨をする風習がある。それに対して、少なくとも筆者が広東省やベトナムで見聞してきた限りでは、入れ墨をしている中国人はごく少数で、日本と同じくどこか反社会的なイメージを想起させることがある。だが、ニューカレドニアでは――タヒチやフィジーと同様に――入れ墨をしている中国人が一定数いる。

ニューカレドニアで入れ墨をしていない中国人に聞いても、入れ墨することに抵抗感がない人びとが少なくない。ニューカレドニアでは成人すると個人の意思に任され、入れ墨をしてもピアスをしても構わないのだという。五〇歳を超える移民一世からも、入れ墨やピアスは一種の芸術であり、何ら否定的なイメージはないという声が聞こえる。

食文化も現地化している。ニューカレドニアの中華料理店で提供される食は、中国のそれとは必ずしも同じではなく、中国で見たこともない料理も少なくない。ほとんどの中華料理店では、ネム、生春巻き、フォーといった名の知れたベトナム料理が提供されている。たとえばヌーメアのある中華料理店では、広東省にはない広東料理（広東麺など）だけでなく、ベトナム由来の料理も提供している（写真17）。この店のオーナー兼コックは――筆者が長年フォールドワークをおこなってきた――広州市西関地域の出身であるが、彼の故郷の料理には広東麺もネムもない。ニューカレドニアのアジア系移民にはベトナム出身者が多いので、彼らの需要に配慮してのことだという。

写真17　ヌーメアの中華料理店で提供されていた広東麺（Soupe Cantonaiz、右）とネム（Nem、左）（2018年9月）

逆にベトナムのキン族が経営する料理店やスーパーでは、現地で中国料理であるとされる炒麺（Chaomen）、広東風チャーハン（Riz Cantonais）、レモン鶏（Citron Poulet）が提供されることが珍しくない。ニューカレドニアでは、一見すると中華料理店とベトナム料理店のメニューは区別が曖昧であり、両者が混在しているようにもみえる。

しかしながら、ヌーメアでレストランを経営している中国人は、何が中華料理であるかという意識を強くもっている。ヌーメアの中華料理店で提供されているメニューには偏差があり、特に経営者がタヒチ出身者であるか、ベトナム出身者であるか、中国の出身者であるかで傾向が異なる。

ただし興味深いのは、ニューカレドニアの中華料理はタヒチのそれと重なるところが少なくないことである。たとえば、タヒチで代表的な中華料理とされるマア・ティニト、中国風刺身、広東風チャーハン、レモン鶏は、中国ではほとんどみられないが、ニューカレドニアには存在する。タヒチの中華料理の影響を色濃く受けているのは、ニューカレドニアの初期の中国系移民がタヒチ出身者であることと無関係ではない。ベトナムや中国からの移住者は、当然ながらこれらの料理に馴染みがなかったが、ニューカレドニアでタヒチの客家から作り方を学んだのだという。そのうえで、独自のアレンジを加えて、バラエティに富む料理を提供するようになった。

ニューカレドニアの中華料理店で、タヒチ色が濃い中華料理を提供する理由は、それが現地に受け入れられやすいからである。タヒチも同様であるが、ニューカレドニアの中華料理店に来る客層は、中国人ばかりではない。ヨーロッパ系、メラネシア系の人びとも好んで現地の中華料理を食べる。特にテイクアウト可能な中華料理は比較的安価であることもあり、民族の垣根を超えて人気を博している。大半がメラネシア系の客で占められる中華料理店もある。彼らの多くにとって、中国や香港の本場の中華料理は口に合わない。

次のようなエピソードがある。ヌーメアに移住したある龍崗出身の客家は、二一世紀初頭に中華料理店を開き、故郷の料理を提供した。そのメニューには、ペキンダッグだけでなく、客家料理として知られる醸豆腐（第一章で述べた中国風のスタイル）、客家白切鶏や客家燜豚肉が——フランス語のメニュー表記も添えて——含まれていた。だが、これらの料理は現地の人びとと、とりわけメラネシア系やヨーロッパ系の住民に受け入れられなかった。中国からの移民一世は人口が少ないので、こうした「ガチ中華」はニューカレドニアでは採算がとれない。それゆえ、後にこれらの料理の提供を中止した。

4　芽生えぬメラネシアン・チャイニーズ意識？

第一章でみたように、タヒチでは、現地化が進んでいくことに危機感を募らせ、彼らのアイデンティティである中国文化を重視する風潮が生じた。それは、ポリネシア文化の一部としての中国文化を強調する動きにつながった。それに対して、ニューカレドニアでは同様の動きが顕在化していない。もっとも一部のタヒチ系中国人は、自身が大陸の中国人とは異なる、「オセアニアの中国人」であるとする意識を抱くことがある。だが、だからといって中国人のニューカレドニア上陸を記念するモニュメントを建てるわけでも、年中行事を公共の場で催すわけでもない。また、彼らの祖先の墓はタヒチにあるため、「掛山」のような祖先崇拝活動もタヒチに戻っておこなう。

他方で、ベトナム系中国人や中国からの新移民は、現地化する一方で、故郷との親戚や友人ともつながっている。たとえば、ベトナムからの中国系移民は、外ではマア・ティニトのようなタヒチ由来の中華料理を食べることがあっても、家庭では幼少期から馴染んだ広東料理やフォーなどを自分でつくって食している。中華料理店で働くベトナム系中国人のなかには、ポリネシア風刺身をつくって客に提供することがあるが、ココナツ・ミルクの味が好きではないので家庭では食べないという人もいる。

同じ南太平洋島嶼国の中国人社会といっても、二〇世紀前半に広東系の旧移民が確固たる団体組織を築いたタヒチと、二〇世紀後半からさまざまなルーツをもつ中国人が混ざり合ったニューカレドニアとでは、大きな違いがみられる。メラネシアン・チャイニーズとしての意識は、現時点のニューカレドニアでは表面化していない。ニューカレドニアの中国人、またはメラネシアン・チャイニーズとしての意識が集団的に生まれていくには、まだ一定の月日が必要なのかもしれない。

3　バヌアツ

一　地理と人口構成

1　バヌアツの概況

バヌアツ[20]は、ニューカレドニアから海を挟んで向かい側に位置している。バヌアツの首都はポートビラである。ニューカレドニアのヌーメアからポートビラまでは飛行機で約一時間の距離である。

バヌアツは、ポートビラのあるエファテ島、最大の島であるエスピリトゥサント島（以下、サント島と略称）をはじめ、マレクラ島、エロマンガ島、タンナ島、アネイチュム島など南北一二〇〇キロメートルに連なる大小の島々から構成される。これらの島を合わせた面積は、約一万二一〇〇平方キロメートルである（地図5）。

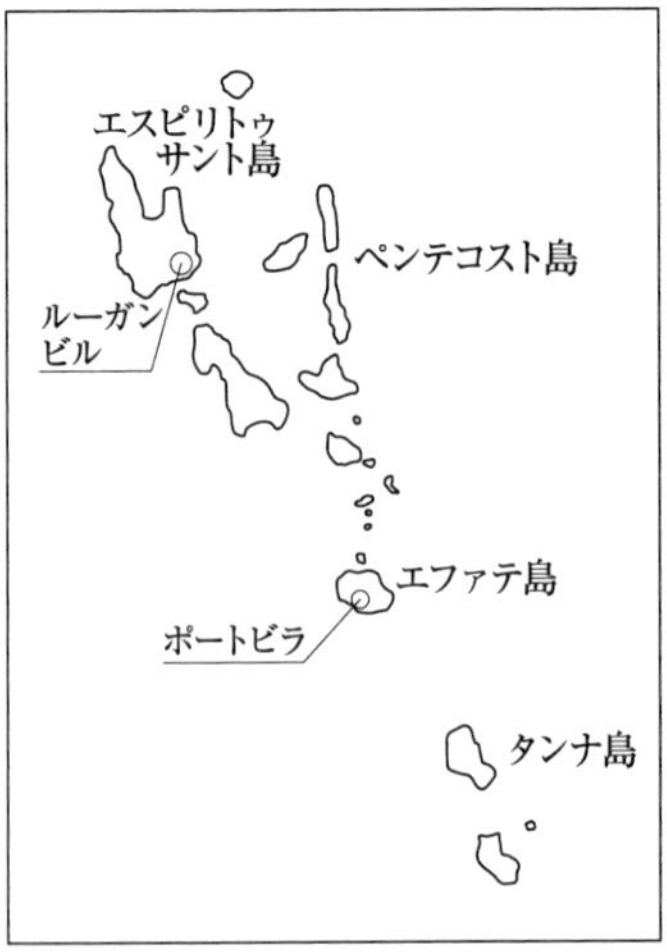

地図5　バヌアツ（筆者作成）

ニューカレドニアと同じメラネシアに属すバヌアツは、かつてニューヘブリデスとも呼ばれ、一九〇六年にイギリスとフランスの共同統治下に置かれた。戦後、イギリス語系の島とフランス語系の島とが対立し、紆余曲折を経たが、一九八〇年七月にイギリス連邦加盟国として独立した。こうした経緯により、バヌアツでは、英語、フランス語、および現地でビスラマ語と呼ばれるピジン英語が公用語となっている。

アジアではブータンが幸福度の高い国として知られているが、バヌアツも「幸せの国」といわれる。二〇二〇年の時点では、ポートビラの空港でもこの国が「幸せの国」であるという宣伝がなされていた。[21]

2　民族構成

現在（二〇二四年二月アクセス）、外務省のホームページでは、バヌアツ約三二万人余りの人口のうち、オーストロネシア語族のメラネシア系が九三パーセントおり、その他は中国系、ベトナム系および英仏人が居住すると記載されている。統計上はメラネシア系が大多数を占めている。人類学者による民族誌の大多数もメラネシア系を対象としている。

目下、バヌアツの中国系移民（以下、中国人）にまつわる研究はかぎられているが、民族誌の背景描写などで部分的な言及がある。社会人類学者である吉岡政徳によると、一九三〇年代のポートビラ人口約一〇〇〇人のうち二〇〇人ほどがアジア系移民であり、町の北側には中国人の店が二五件あったのだという［吉岡　二〇一六：八二］。

戦前のポートビラはヨーロッパ人が多数派で、戦後も一九五五年の時点でフランス人が四八〇人、イギリス人が一五八人いた。この年のポートビラの全人口が一三四〇人であったから、イギリス人とフランス人が約四八パーセントを占めていたことになる。他方で一九五五年には、ベトナム人が三五〇人、中国人が一〇二人おり、約三四パーセントの人口を占めていた。メラネシア系住民のこの年の人口が二〇〇人であるから、アジア系の人口はそれを上回っている［Bennet 1957: 122-123］。

吉岡によれば、この頃、中国人などアジア系の移民はポートビラ旧市街の北側からアナブルの南あたりにかけて

写真 18　バヌアツ（瓦努阿図）の漢字が表記される街頭の看板。簡体字で書かれている。（2020 年 1 月）

住居を構えており、それに対してヨーロッパ人は、旧市街を取り囲む高台や現在のジョイント・コート、ナンバーツー辺りに居住していた。一九七〇年代になるとその構図に変化が生じ、ポートビラの人口の多くはメラネシア系の住民によって占められるようになったのだという。当時、官庁、企業、事務局はヨーロッパ人が、小売りの商店はアジア系が中心となって営まれていた〔吉岡　二〇一六：八四〕。そのなかで、ポートビラ旧市街の北部では中国人経営の店舗が立ち並ぶようになり、その区画はいつしか現地で「チャイナタウン」とも呼ばれるようになった。チャイナタウンは今でもあり、中国より寄贈された石獅子が門に置かれた中華会館がある。

現在、バヌアツでは、中国、ベトナムだけでなく、フィリピンや日本からも移住者がいる。

３　新移民の急増

統計上、バヌアツの多数派はメラネシア系の人びとであり、中国人などアジア系は少数者である。私も二〇一八年九月に最初にバヌアツを訪れるまでは、この国の主体はメラネシア系の人びとであり、中国系移民はチャイナタウンとその付近でエスニックな飛び地を形成しているのだろうと想像していた。だが実際にバヌアツに行くと、その想定は見事に外れた。ポートビラを歩くと、街のいたるところに中国語の看板がみられたからである。

中国の漢字には、香港や台湾などで主に使われる繁体字と、中国で主に使われる簡体字がある（写真18）。ポートビラの町でみられる漢字は多くが簡体字である。また、アルファベットで書かれている看板であっても、広東語の表記であることが少なくない。たとえば、「LEUNG」や「AH POW」という文字は、広東語でそれぞれ「梁氏」、「阿婆」（おばあちゃん）を意味する。

他方で、チャイナタウンは現存するが、これらの店舗ではメラネシア系の人びとを雇用することがあり、看板もアルファベット表記を中心としている。消費者の側もメラネシア系住民が多い。そのため、今ではチャイナタウンはかえって――中華会館があることなどを除くと――「中国っぽくない」景観を呈している。むしろチャイナタウンの外側で漢字表記が溢れているため、今ではどこがチャイナタウンなのか、現地で住む人びとに聞かないと分かりにくい。他方で、ポートビラの旧市街では――コロナ禍でいくつかの小規模な飲食店が倒産したとはいえ――中国人経営の店舗が立ち並んでいる（写真19）。

写真19　ポートビラの中心街では中国人経営の店舗が多くを占める。赤色を多くあしらうなど、中国を思い起こさせる建築デザインともある。（2018年9月）

特に二一世紀以降、南太平洋島嶼部の都市では、中国系の移民が飲食店や雑貨店などを経営する光景が珍しくなくなっている。バヌアツでは中国系移民が増えているという情報を渡航前に得ていたこともあり、ポートビラ旧市街地に中国人経営の店舗が多かったこと自体に、筆者自身あまり驚きはなかった。筆者が驚いたのは、ポートビラの郊外やサント島をまわった時であった。

エファテ島では、かつてヨーロッパ系が多く居住していたというナンバーツーとナンバースリー、さらには郊外のアナブル、タバコール、マンプレス一帯でも、中国からの新移民によって雑貨店が経営されている。これらのエリアでみられる雑貨店の大半は中国人経営であった。地元のメラネシア系住民によると、一九八〇年代までこの一帯には中国人がほとんど

写真 20-1　中国人経営の店舗などが並ぶルーガンビルの目抜き通り。看板が英語表記であるため、一見して中国人経営と判別できない店舗も多い。（2020 年 1 月）

写真 20-2　中国語（繁体字）の看板を掲げた店舗もある。（2020 年 1 月）

いなかったが、二〇一九年の時点で中国人が占める割合は、アナブルで約二〇パーセント、タバコールとマンプレスで約一〇パーセントほどになったのだという。それだけ中国系移民が増えていると認識されているのだ。

　他方で、サントの中心街であるルーガンビルでは、その中心を横切る目抜き通り両側の大半の店舗やホテルが、中国系移民によって経営されている（写真20）。二〇二〇年一月、あるメラネシア人男性は、ルーガンビルの目抜き通りの店舗の経営主を一つ一つ教えてくれたが、少なくとも七割以上は中国人経営であった。また、この地で店舗を構える日本人経営者は、ルーガンビルの店舗の八～九割が中国人であると筆者に語ってくれた。その経営者には、新移民だけでなく旧移民の経営者も多い。その他、フィリピン人、日本人、オーストラリア人によって経営される店舗もあるが、少数派である。

　後述するように、エファテ島の郊外で店舗を経営する中国人の大半は二〇一〇年代に移住してきた新移民である。サント島でも新移民は増えているが、現地の中国系移民社会の中核となっているのは、二〇世紀前半にサント島で定住した広東出身の旧移民である。その他、ベトナムやフランスから移住した中国出自の人びともいる。

　それではバヌアツの中国系移民は、いつ、どこから、どのような経緯で移住したのだろうか。また、彼らは移住後、どのような影響を現地に及ぼしたのだろうか。旧移民と新移民に分けて述べていくことにしよう。

二　二〇世紀の移住状況と華人団体

1　二〇世紀前半の移住

中国人がいつ頃からバヌアツを訪れたかは、まだ明確に分かっていない。ただし、一九世紀半ばにヨーロッパ人がバヌアツを訪れたとき、コプラ、タバコ、金属製の道具を交換する交易商店がすでにつくられていたというから［吉岡　二〇一六：七九―八〇］、そこに中国人商人が関与していた可能性は捨てきれない。一九世紀にどれだけの中国人がバヌアツにいたかは歴史学からのさらなる研究が待たれるが、二〇世紀前半に一定数の中国人がエファテ島やサント島などで居住していたことは、いまバヌアツに住む中国人の祖父母や両親がすでにバヌアツに根を下ろして生活していたことからも間違いない。

エファテ島のフレッシュウォーターとサント島の空港近くに市民墓地がある。ここでは民族の隔たりなく墓が建っているが、そのうち中国系と思われる墓は、前者で三〇基、後者で一九基あった。これらの墓碑は、古くなって文字がみえにくくなっていたり、出生年や出身地が記載されていなかったりするので、そこから得られる情報は断片的である。ただし、確認できる墓碑の情報から、一八七〇年代から一八九〇年代の間に生まれた男女が、エファテ島やサント島で住んでいたことが分かる。

出身地に関しては、四九基のうち一六基の解読が可能であった。その内訳をみると、広東省中部の東莞、増城、鶴山がそれぞれ三基、同じ広東省中部の順徳と開平がそれぞれ一基ずつである。広東省とだけ記されている墓碑も二基ある。古くからバヌアツに移住した中国人は、広東省、特に中部の珠江デルタ一帯の出身者であることが分かる。他にも、福建省のアモイ、福州、単に福建とだけ刻まれている墓碑が一基ずつあった。[22]

このような情報は、ポートビラやルーガンビルで複数の旧移民から聞く話とほぼ一致している。彼らによると、二〇世紀前半にバヌアツで根を下ろした旧移民とその子孫は、ほとんどが広東省中部の出身で、特に東莞と増城の出身者が多い。その他、広州、順徳、中山、鶴山など珠江デルタ一帯の出身者がいる。

現在、二〇世紀前半にバヌアツに移住してきた旧移民の末裔は、広東省の出身者で多数占められている。そのため、「古くからいる中国人はみな広東人だ」という説明を聞くこともあるが、福建省から移住した旧移民の子孫もまだ一部住んでいる。たとえば、D氏（七〇歳代、女性）は、福建省出身の父親が若い頃にバヌアツに移住したため、バヌアツで生まれ育った。彼女の父親はもともと別のところに行く予定であったが、航海の途中でバヌアツに降り立って住み始めた。ただし、彼女もまた、周囲の旧移民のほとんどが広東省の出身者であったと語る。

では、なぜ二〇世紀前半に中国人はバヌアツに向かったのであろうか。すでに移民一世は亡くなっているため、その動機については不明なところが多い。ただし、その子どもたちが両親から聞いた話によると、多くは中国での生活の苦しさから親戚・友人を頼って移住し、移住後に輸入品の卸売りや雑貨店の経営などをはじめたのだという。結果論でいえば、旧移民は商売を目的に移住することが多かったといえる。

二〇世紀前半のバヌアツではまだ中国人人口が少なかったので、ポートビラ在住の移民二世のなかには、英語やビスラマ語を主言語とし、広東語、福建語、標準中国語といった漢語系諸語があまり話せない旧移民も少なくない（D氏はその一人である）。ただし、サント島のルーガンビルの移民二世は通常、流暢な広東語を話し、旧移民の間では広東語でコミュニケーションをとっている。ルーガンビルでは、広東語で生活が成り立つほどの中国人コミュニティが早くから形成されていたことが、ここから推察できる。

なお、彼らの間では広東語が主要使用言語の一つとなっている一方で、客家語が使われることはほぼない。旧移民の主要なルーツである東莞、増城、中山、鶴山は本地人と客家の混住地であり、タヒチで東莞出身の客家が多いことは第一章で述べた通りである。しかし、バヌアツでは東莞や増城からの移住者も概して本地人であるとみなされている。「古くからいる中国人（旧移民——筆者注）のなかには客家はほとんどいないのではないか」という声すら聞こえてくるほどである。

2　二〇世紀後半の多様化

一九四九年に中華人民共和国が成立すると、中国からバヌアツへの渡航は三〇年ほど途切れることとなった。だが、二〇世紀後半に入ると今度は、香港、ベトナム、マレーシアからの移住者も増え、そのルーツは多様化している。彼らがバヌアツに移住した理由は一様ではない。

第二章で述べたように、ベトナムでは一九六〇年代から一九七〇年代にかけて戦争や華人排斥の動きが生じたため、一部の中国人が南太平洋の島々に再移住しはじめた。とりわけバヌアツは、南太平洋島嶼部においてベトナム移民が多いニューカレドニアと地理的な近さがある。バヌアツでもベトナムからの移住者が流入することになったが、そのなかにはキン族だけでなく[23]、中国系の人びとが混じっている。ベトナムからバヌアツに移住した中国系移民の一部には、ベトナム北部の山岳地帯を拠点にしていた客家の一系統——ンガイ人［河合・呉　二〇一四、河合　二〇一八］も含まれている。

他方で、マレーシア、台湾、中国の大企業数社がバヌアツに進出し、材木伐採を進めるようになった［ウィルモット　二〇一二：五三一—五三二］。それに伴い、マレーシア出身の中国人も少数ながらバヌアツに再移住した。結婚も二〇世紀後半の中国系の多様化に一役買っている。バヌアツには南太平洋大学（本部はフィジーのスバに置かれている）のキャンパスがあるが、旧移民の子弟は英語が公用語である強みも生かして、オーストラリアやニュージーランドに留学することも多い。オーストラリアやニュージーランドに留学した間、香港や東南アジア出身の中国系移民と知り合い、結婚してともにバヌアツへと移住するケースもある。

3　華人団体の組織化

バヌアツで中国系移民が増えるにつれ、彼らは華人団体を結成するようになった。公式な団体は、ポートビラとルーガンビルにある。

ポートビラでは、前述の通り、チャイナタウンの一角に中華会館がある。門の前に一対の石獅子が置かれている立派な建物であるが、普段は閉まっている（写真21）。中華会館は春節のような特別なイベントがある時しか使われない。たとえば二〇二四年の春節時には、獅子舞こそなかったが、中華会館の門に新年の飾りつけがなされ、大晦日（中国語で「除夕」という）の夜にパーティが催された。参加者は旧移民を中心としているが、会費を払えば新移民も加入することが可能であるという。他方で、同年の春節時には、新移民を中心とする新興のバヌアツ中華同郷聯誼総会（中国語：瓦努阿図中華同郷聯誼総会）が、中国人経営のホテルで新春の晩餐会をおこなった。

ルーガンビルの華人団体は、サント中華公会（中国語：瓦努阿図共和国聖都中華公会、英語：Santo Chinese Association）という。会館の建物は存在しないが、組織は今も機能しており、会長が経営する店が実質的な本部となっている。

この団体も広東語を話す旧移民を中心としており、サントに住む中国人の親睦を促進してきた。この団体でも香港、東南アジア、中国から移住した人びとが一部加わることがある。かつて春節の時にはルーガンビルで獅子舞や龍舞を催してきた。ただし、サント中華公会の会長によると、最近は高齢化が進み、若者が参与することも少ない。それゆえ、二〇一八年頃からは、春節に獅子舞をすることもなくなったのだという。

バヌアツで華人団体が形成されてきた一方で、バヌアツ国外への人口流出が相次いでいる。一九八九年代時点でバヌアツの中国系人口は二六一人であり、新たな移民が来島したにもかかわらず、その後の一〇年で四〇人ほどの人口しか増加していない。旧移民の子弟の多くはオーストラリアなどに留学しそのまま滞在するだけでなく、年配の旧移民も引退後にオーストラリアに移住しはじめているからである。シドニーでは、バヌアツの出身の中国人によるコミュニティも形成されるようになった［ウィルモット　二〇一二：五三二］。

実際、バヌアツでは、二〇世紀に広東省から移住した旧移民の子弟、および二〇世紀後半にベトナムやマレーシアから移住した移民の多くが、すでにオーストラリアやニュージーランドなどに生活の拠点を移している。一例を挙げると、あるポートビラのスーパーマーケットの経営者はベトナム系中国人であるが、その一家もオーストラリアに移住しており、時折、バヌアツに戻ってくるにすぎない。

写真 21-1　現在のチャイナタウン（2018 年 9 月）

写真 21-2　チャイナタウンにある中華会館。石獅子は中国の国務院華僑弁事所が寄贈している。（2018 年 9 月）

このように、旧移民の多くは、バヌアツだけで生活を営んでいるだけでなく、むしろバヌアツ、オーストラリア、ニュージーランドなど国を超えて跨るネットワークの網の目を形成している。したがって、厳密に言えば「バヌアツの中国人」などというカテゴリーそのものが妥当ではない状況をつくりだしている。

なお、バヌアツの人びとがオーストラ

リアへと向かう流れは、中国系だけに特有なわけではなく、メラネシア系にも同様の流れがあることを付記しておく。

三　急増する新移民——二〇一〇年代以降

1　中国の開発援助と新移民

上述の通り、バヌアツでは少なくとも二〇世紀前半から中国からの移民が根を下ろしていたが、その数は数百人と想定され、バヌアツ全体の人口からするとわずかな比率を占めるにすぎなかった。しかし、二〇一〇年以降、中国からの開発援助（ODA）が増大するにつれ、新移民が急増した。また、移民だけでなく、中国からの観光客も増え、バヌアツにとって中国との関係は切っても切り離せないものになっている。

バヌアツは一九八二年三月に中国と国交を結び、一九九〇年代には中国の企業がマレクラ島やタンナ島で道路やダムなどのインフラ整備に着手しはじめた［cf.ウィルモット 二〇一二：五三二］。そして、二一世紀に入ると中国の開発援助が加速していった。そのなかで、バヌアツに多くの新移民をもたらす契機となったのは、CCECC南太平洋公司（China Civil Engineering Construction Corporation South Pacific Limited; 中国語名は、中国土木工程集団太平洋有限公司；以下、CCECCと略称）による建設事業の推進であった。二〇一三年七月一二日、バヌアツ政府はCCECCと契約を結び、ポートビラで道路建設などインフラ施設の建設をはじめた。

また、ポートビラの市内では、江蘇省建設工程集団有限公司が請け負い、バヌアツ国立コンベンション・センターが建設された（写真22）。この建物は、一〇〇〇人を収容できる講堂、六〇〇人を収容できる宴会場などが内設され、民族の違いを問わずバヌアツ市民が利用する国内最大級の施設である。他には、国会議事堂やスポーツ・センター（コールマン・スタジアム）が中国資本により建てられている。

サント島でも中国資本の進出が進んでおり、中国人商人が土地を購入して観光地にするなどの事象もみられるようになった。二〇一七年にはルーガンビル港が上海建工集団によって整備されている。また、サント島では二〇一八年頃より中国資本によりノニ・ファームという巨大な施設の建設が進められている。ノニは、美容・健康や病気治療効果で最近注目を集めている生産物である。バヌアツはノニの大量生産に適しているとして建設されているのだ。

バヌアツの開発を進めてきた中国企業、特にＣＣＥＣＣなどの建設業者は、中国の労働者を多く雇用した。それにより、多くの若い契約労働者が、中国からバヌアツへと渡航することになった。彼らのなかには契約終了後に中国へと戻らず、そのままバヌアツに残って商売を営む者も少なくなかった。その結果、二〇一五年頃から、元契約労働者たちが経営する店舗がバヌアツ各地で急増した。

写真 22　ポートビラのコンベンション・センター。この建物は 2017 年に完工した。(2020 年 1 月)

写真 23　タムタム（写真右側の像）を置く中国資本のココモ・ビーチ（2020 年 1 月）

実際、少なくとも私が二〇一八年九月に初めてバヌアツを訪れたときには、ポートビラとその郊外では——すでに述べたように——中国人所有の店舗が立ち並ぶ状況になっていた。また、彼らも新移民は、次々と土地も買いはじめていた。あるメラネシア系住民は「ポートビラ中心街の土地や建物の約八割はすでに中国人によって買い占められている」と述べる。この数値はいささか誇張であるだろうが、現地における中国系新移民の衝撃の強さを伺い知ることができる。[24]

2 新移民の年齢層とルーツ――概況

では、中国から契約労働者として移住した人びとは、なぜバヌアツに残って居住しようとしたのだろうか。また、彼らは中国のどこから移住し、バヌアツではどのような生計を立てているのだろうか。筆者は、一五名の新移民から情報を得たが、彼ら自身の経験および彼らが把握している新移民の状況を総合すると、一定の傾向がみられた。

まず、年齢層はまさに働き盛りといった青年層が中心となっている。二〇歳～三〇歳代が多数を占めるが、四〇歳代以上の人びともいる。バヌアツに来た若い契約労働者には女性も含まれている。また、男性がバヌアツで生活を営むようになった後、中国から家族を呼び寄せて定住した例もある。

次に、新移民のルーツは多種多様である。この点で、広東省出身の本地人が多数を占める旧移民とは大きく異なる。筆者が把握している限りでは、北は吉林省、遼寧省、山東省や陝西省、西は四川省や重慶直轄市、南は福建省、広東省や広西チワン族自治区と、実質的に中国各地から移住している。なかでも福建省中部の福州市、莆田市周辺の出身者が最も多い。バヌアツ在住の旧移民・新移民の双方が「バヌアツにいる中国人のなかでは福建出身者が最も多い」と口を揃えて語るし、実際に筆者が出会った新移民も福建省出身者が多かった。次いで四川や重慶といった中国西部の出身者が目立つ。

目下、バヌアツの物価は中国よりも高い。バヌアツで商売をするとそれだけ多くの収入を得ることができるので、資本を蓄積したり、中国の実家に仕送りしたりする機会も増える。

新移民がバヌアツに魅力を感じている別の要因は、パスポートである。中国のパスポートは制限が大きく――集団旅行を除くと――個人で海外に行くためには煩雑な手続きが必要となる。長期の就労ビザはなかなか下りないこともある。しかし、バヌアツのパスポートは多くの国に渡航できるので、新移民のなかにはまずバヌアツのパスポートを得て資本を蓄積し、将来的にオーストラリアなど英語圏の先進国に再移住しようと計画を立てている者も少なくない。彼らにとってバヌアツは、英語を学ぶ場としても魅力的である。

したがって、近い将来、バヌアツの新移民は——旧移民がすでにそうであるように——オーストラリアなどに移住していく可能性がある。ただし、少なくとも現時点では多くの新移民がバヌアツの街で生活を営む状況になっている。

3 移住をめぐる個々人の経験

いまバヌアツでは旧移民と新移民が混在しているが、ここ数年、特にエファテ島では新移民のプレゼンスが急激に増している。本章では、新移民の移住や生活により焦点を当てていくことにしたい。新移民のバリエーションを示すために、ここでは出身や移住時期が異なる五名の新移民をとりあげる。移住の経緯やバヌアツでの生活状況についての彼らの声をまとめると、以下の通りである。[25]

E氏（二〇歳代前半、男性、エファテ島）：「私は福建省の福州から移住しました。その時はまだ二〇歳になっていませんでしたが、海外で良い働き口があるというので応募してバヌアツに来ました。中国にいたときはバヌアツという名前すら知りませんでした。ですがCCECCで働くうちにバヌアツが良い所であることを知り、契約終了後もここに残って一儲けしようと考えました。店を構えて経営するようになりましたが、客のほとんどが「土着民」（メラネシア系）であるため、基本的には現地のものを売っています。ここの言葉もだいぶ話せるようになりました」。

F氏（二〇歳代前半、女性、エファテ島）：「私は重慶から移住しました。実家が貧しく、先にバヌアツで契約労働していた四川省の友人の紹介でバヌアツに来ました。バヌアツでの生活はもう七年になります。アナブルで店を構えて商売をはじめ、裏手にある木製の簡素な建物に住んでいます。アナブルでは中国人が増えましたが、もともとここは「土着民」の居住地でした。周りの住民も店の客も多くは「土着民」ですので、毎日彼らと話しています。英語もビスラマ語も身に着きました」。

G氏（二〇歳代後半、男性、エファテ島）：「私は広東省の韶関から来た客家です。他の中国人のように、中国系企業で労働者として働いていたわけではなく、二〇一九年に友人の紹介を通してバヌアツに直接来ました。今は福建省三明出身のオーナーが経営する店で働います。彼も客家です。ここの中国人は福建省から来た人が多いですが、少数ながら広東省の出身者もいます。私の友人には茂名（広東省西部の地名——筆者注）の出身者もいます。古くからいる旧移民は同じ広東省の出身らしいのですが、あまり交流がありません。旧移民に客家がいるかもよくわかりません」。

H氏（四〇歳代、男性、サント島）：「私がバヌアツに来たのは二〇〇五年です。もう一五年もここにいます。私と妻は四川省の出身です。まず私が広東省の深圳へと出稼ぎに行き、そこの工場で働いた後、コックをしていました。深圳では収入が少なく苦しい生活を送っていました。そうした時、バヌアツで労働者の募集があることを知り、叔父と一緒に行くことにしました。中国系企業での契約労働が終了した後、いったん四川省に帰り、妻を連れて再びバヌアツへ来ました。昔コックをしていたのでポートビラで料理店を開き、後に商機を見つけるためサントへ移住しました」。

I氏（五〇歳代、女性、エファテ島）：「私は福建省莆田の出身です。夫が旅行会社で働いているうちにバヌアツを知り、ここで投資をしようという話になりました。二〇〇四年に夫婦でバヌアツに来ました。当時は古くからいる広東・香港出身の中国人が少数いただけで、その彼らもオーストラリアやニュージーランドへと次々と移民していきました。中国人がかなり減っていたところ、入れ替わるようにして多くの中国人が新たに移民してきました。新しい移民は福建省中部の莆田、福州、福清から来た者が多く、全体の一～二割ほどを占めています。あとは広西、四川、重慶、北方などからも来ています。中国人が増え過ぎて内部競争が激化し、バヌアツでの商売も楽ではなくなりました。息子は福建省で生まれましたが、バヌアツの学校に通いました。オーストラリアの大学に留学し、学費が高くて大変でしたが、向こうで就職できました。バヌアツで英語を身につけることができたのは、大変良かったと思っています」。

筆者が話を聞いた他の新移民（福建、四川、山東、遼寧、吉林の出身者）も、中国系企業の労働者としてバヌアツに来たか、中国系企業で働いていた親戚・友人のツテを頼って移住している。ただし、個別に話をしていくうちに分かったのは、新移民側も一枚岩ではないということである。H氏やI氏のように、二〇〇〇年代にバヌアツで定住した新移民もいる。I氏は二〇一〇年代に新移民が急増したことに戸惑いを隠せず、同じ中国人が自らの商売を圧迫していることを苦々しく思っている。子供をオーストラリアに送っており、オセアニア間の海を越えたネットワークを構築しはじめていることは、旧移民とも共通している。

四　中国系移民がもたらしたインパクト

1　旧移民の現地化、非中国系住民との交友

二〇一〇年代に新移民が急増する前、中国、香港、東南アジアなどからの旧移民は人口が少なく、それだけに現

地化も進んでいた。すでに述べたように、旧移民のなかには広東語を話すことができず、漢字が読めない移民二世もいる。広東語を話す移民二世であっても、英語やビスラマ語を流暢に操り、先住のメラネシア系住民などとも日々コミュニケーションをとっている。

バヌアツにも関帝廟のような中国寺院はない。旧移民はほぼ全員がキリスト教に改宗しており、メラネシア系住民とともに教会に通っている。ポートビラには華人教会もある。もっとも旧移民のなかには、中国の民間信仰や祖先崇拝を併用する人びともいる。ある旧移民の紹介によると、ポートビラにも中国式の祭礼用品（線香、紙銭など）を売る中国人経営の店が一件あった。だが、その人は年老い、売れ行きも良くなかったので、店をたたんだのだという。墓地でも線香ではなく花を添えるのが一般的である。旧移民の家では、中国式の赤い祭壇に祖先の写真と果物を置いていることがあるが、そのような祖先崇拝を継続するかは個人の意志に任されている。

言語・文化の現地化も手伝って、旧移民は――もちろん個人との関係次第はあるが――メラネシア系や他のアジア系住民と良好な関係を築いてきたようである。数名のメラネシア人から話を聞くと、旧移民全体に対して悪い印象を抱いている人はほとんどおらず、実際に「古くからいる中国人の友人はいる」と答える人びとも少なくない。また、日本人との関係も良好であったようで、特定の旧移民を指し、「〇〇さんにはすごくお世話になった」という声を聞いたのは一人、二人ではなかった。店舗を開くときに旧移民に助けてもらい、家族のような関係を結んでいることもあると話す日本人移民もいた。それほど面識がなくても食材を購入したりして、ポートビラの中国人住民と日本人住民は顔見知りの関係が多かったのだと聞く。

2　崩壊しゆく「幸せの国」？

繰り返し述べると、バヌアツの新移民は一様ではなく、一九八〇年代から一九九〇年代にかけて広東省から来た連鎖移民が一定数いる。ポートビラで中華料理店を営むJ氏もその一人である。J氏は一九八〇年代に広東省の恩平から移住してきた本地人である。新移民経営の中華料理店は、現地の新移民や中国人観光客を客層として意識し、中国にあるメニュー（いわゆるガチ中華）を並べることもある。だが、J氏の店はメニューの表記が全て英語であり、一目見ただけでは中国のどの料理に対応しているのか分かりづらい。筆者はポートビラ滞在中にこの店によく通っていたが、いつみても客層の九割以上はメラネシア系であった。

また、二〇一〇年以降に移住した新移民であっても、先述したF氏のように、流暢なビスラマ語を話し、メラネシア系の文化を尊重して現地に溶け込んでいる人びともいる。新移民経営の店舗では、雇用者であるメラネシア人と新移民の子どもが一緒に店番をし、彼らがビスラマ語で会話するという光景も珍しくなった。新移民のなかにはメラネシア人を相手に商売をしたり、メラネシア人と良好な関係を築いたりする人びとがいるのも確かである。

しかし他方で、現在のポートビラなどでは、ビスラマ語どころか英語すら不得手としている新移民はまだいる。彼らは原則的に標準中国語か中国各地の「方言」を中心に生活を営んでいるため、メラネシア人や他のアジア人とのコミュニケーションが往々にして不足している。

その一因として、バヌアツの新移民コミュニティでは、標準中国語と片言の英語で基本的な生活が成り立つという実情が挙げられる。現在、バヌアツの街角では中国語の看板が立ち並んでおり、中国語でサービスする店舗（不動産、雑貨店からホテル、中華料理店まで）もある。二〇二〇年の時点では、首都ポートビラで一〇件近くの中華料理店があったが——テイクアウトの店を除き——その大半が新移民の経営である。前述のJ氏のように現地化した料理[26]を提供する店もあるが、新移民や中国人観光客を主要な顧客として想定し、中国の味とほとんど変わらない「ガチ中華」を提供する中華料理店もある。

新移民のなかにはキリスト教に改宗する人びともいるが、彼らは主に春節、中秋節などの中国の祝祭日を重視している。前述の通り、新移民は春節の獅子舞など芸能イベントの開催には積極的ではないが、中国語の通じる仲間内で集まって宴席を設ける。旧移民が現地で溶け込んでいたのと対照的に、新移民は中国語を主に話し、中国の慣習・ものの考え方で行動することも少なくない。バヌアツの土地や家屋を買い占めただけでなく、現地文化への不理解による文化摩擦を引き起こすこともある。

繰り返すと、新移民も一様ではなく、ビスラマ語を理解し、メラネシアの慣習を尊重しながら生きている新移民もいる。このことは強調してもしすぎることはない。だが、他方で肌の色が黒いメラネシア人に対して偏見や差別の目を向ける新移民もいなくはない。筆者が話を聞いたメラネシア系住民（彼らはその土地の人を意味する「ニヴァァン」(Ni-Van) を自称していたため、以下この表現を使う）のなかには、中国による資本投資を好意的に受け止める層がいる一方で、ここ数年の新移民の急増に戸惑いを感じている人びとが少なくなかった。

二〇一八年九月のある日、ニヴァァンであるK氏（三〇歳代、男性）は、筆者に次のように語った。

「バヌアツはもともと幸福の国だった。ここのニヴァァンはみな親切だ。だが、中国人が押し寄せるようになってから、全てが変わってしまった。彼らは土地を購入し、ビルを所有し、強引に仕事をとっていき、物価もあがった。もといた中国人はよかったが、新移民は我々のカストムも尊重しない。皆、怒っているし、突然の状況に混乱している」。

K氏の矛先は中国人だけではなく、フィリピン人も含まれていた。彼によれば、バヌアツでは、オーストラリアに出稼ぎに行き戻ってくると、フィリピン人が職位を占拠していることが少なくない。中国人が土地と建物を占拠し、フィリピン人が職位を占拠するという状況の出現に、困惑している様子がみてとれる。

筆者はポートビラ在住時に複数のニヴァンと話をしたが、バヌアツでは――二〇〇六年にソロモン諸島とトンガで生じたような――急増する中国人と先住者の間の暴力的なトラブルに発展したという噂を耳にしなかった。だが、複数のニヴァンが、彼らのカストム（カスタム＝伝統的習慣）を遵守しないことに不満を募らせていた。その一例が、新移民の商人によるカヴァの販売である。

カヴァとは、メラネシアやポリネシアでつくられる一種の嗜好飲料である。コショウ科の低木をすりつぶし水に溶かして飲む。現地では酒類にカテゴライズされていないが、飲むと酔った感覚になる。ニヴァンの間では、儀礼などの宗教的、社会的な儀礼でよく飲用される神聖な飲み物である。ただし近年では、都会で気軽に飲めるカヴァ・バーという新たなビジネスが登場した［吉岡　二〇一六：第五章］。原則的にその経営が許されるのはニヴァンのみであるが、新移民がその経営に乗り出すようになった。

中国人がカヴァを経営しはじめたことは、現地で大きな衝撃を与えたと聞く。その中国人経営者に話を聞くと、決して悪気があって始めたわけではなく、当人もここまで騒ぎが大きくなるとは予想していなかった。すでにバヌアツ国籍を取得しているから問題ないと思っていたのである。ましてや、カヴァ・バーは伝統的なカヴァの飲み方とは異なるビジネスであると、その経営者は割り切っていた。

だが、ニヴァンにとってみれば、たとえカヴァ・バーであっても、それは彼らの神聖な飲み物である。ニヴァンであるL氏（男性）によると、確かにカヴァ・バーで提供されるカヴァは、本来のカヴァとは違う。前者は機械でつくり、コンクリートの前で飲む。それに対して後者は本来、ナカマルと呼ばれる村の集会場で飲まれる。だが、彼にとっては、カヴァ・バーのカヴァもニヴァンの神聖な飲み物であることには変わらない。だから、ニヴァン以外の人びとがカヴァを売り物にすることはやはり受け入れられないのだという[27]。

両者の話を聞くと、この「カヴァ事件」は文化や価値観のすれ違いであるといえなくもない。だが、ニヴァンからすると、このような中国人（新移民）の営為は、彼らの慣習（カストム）を大いに傷つけることになる。

　こうした問題は、今後どこに向かっていくのだろうか。現在の「対立」は、新移民の急増による一時的なアノミー状態であり、やがては新移民がニヴァンのカストムを理解していくことになるのだろうか。あるいは、このような文化摩擦はさらに先鋭化していくのだろうか。今後の動向に目が離せない。

コラム　フィジー

河合洋尚・大島崇彰

二一世紀に新移民が急増する以前、フィジーとタヒチは南太平洋島嶼部の中国人社会の二大拠点であった。『フィジーの中国人』の作者であるベシー・ンー・クムリン・アリによると、二〇世紀末の時点でフィジーの人口は約五〇〇〇人であった［Ali 2002: 19; cf. イングリス　二〇一二：五一二］。同時期にタヒチの人口は約一万人いたと推測されるので、旧移民の人口数そのものはタヒチより少ない。ただし、二一世紀に入るとフィジーでは、タヒチを上回るのではないかと思えるほど多くの新移民が流入している。

タヒチと同様に、フィジーの旧移民をめぐる先行研究は豊富である。アリの『フィジーの中国人』が出版される以前にも英語の文献が二冊［Fong 1974; Kumekawa 1988］と中国語の専門書が一冊［司徒・陳　一九九二］刊行されている。それだけに、『華人エンサイクロペディア』でのフィジーの紹介も詳しい。しかも、タヒチの先行文献や資料のほとんどがフランス語と中国語であったのに対し、フィジーは英語の文献が多い。

このコラムでは、先行研究の記載を整理・参照すると同時に、我々が現地で見聞した情報を加味することで、フィジーの中国系移民をめぐる状況を簡潔に示す。とりわけ先行研究は二〇世紀末までの旧移民を主要な対象としているので、このコラムでは旧移民の情報を補足するとともに、新移民の情報を新たに提供することを試みる。河合は二〇一三年二月と二〇一四年二月、大島は二〇二二年九月にフィジーを訪れ、二〇二三年三月にともにフィジーへ渡航した。

1　旧移民――歴史・ルーツ・社会団体

通説によると、中国人がフィジーを訪れ始めたのは一九世紀前半であり、中国の広州市場に提供する白檀やナマコを求める船に同乗して来ていた。後に中国人はオーストラリアとフィジーの輸出業に従事し、スバなどに移住してナマコ、鼈甲、コプラの輸出入に携わったり、大工やコックとして生計を立てたりする者も現れた。それでも一九〇〇年の時点でフィジーの中国人は一〇〇人にも達していなかったが、やがてバナナ貿易が拡張し、中国やオーストラリアで募集した中国人農園労働者が集まったため、一九一一年のセンサスでは中国系人口が三五〇人に達した。その後、一九一一年に中国で辛亥革命が起きると海外への移住が緩和され――タヒチと同様に――フィジーへの移住者が増えた。一九二九年には中国人人口が一七五一人に達した［イングリス　二〇一二：五一三―五一四］。

フィジーで中国系移民が急増したのは一九四〇年代のことである。太平洋戦争が始まると、中国人がフィジーに駐在する軍人に物資を提供しに来た。中華人民共和国が成立する一九四九年まで中国人人口は増加の途を辿り、人口は約三〇〇〇人に達した。一九五〇年代以降は中国からの移民の波が途切れるが、一九四〇年代に女性や子供も一緒に移住していたため、その後も人口は自然増加した［イングリス　二〇一二：五一四］。

フィジーの中国系移民の大半は首都スバに住んでいる。スバの一角では、中国人経営の店舗が密集して立ち並ぶようになった（写真24）。他方で、二〇世紀後半には、ラウトカやナンディを始め、ナウソリ、シンガトカ、バ、ランバサ、サブサブなどにも中国系移民が住んでいたことが報告されている［Fong 1974; イングリス　二〇一二：五一五］。

旧移民の絶対的多数は広東省から移住している。アリの紹介によると、一九二七年の時点でフィジーの中国系移民の約九〇パーセントは広東人であり、なかでも広東省中部にある中山市の出身が最も多かった［Ali 2002: 24］。ジュディ・ウォンが一一〇人の中国人を対象におこなった調査でも中山出身者が五五パーセントを占めており、次いで同じ広東省中部の四邑（開平県、新会県、台山県、恩平県の総称）が三六パーセント、東莞県が九パーセントを占めていたという［Wong 1964］。

実際、我々がスバ華人墓地（蘇互華人墓園）の墓碑をみた限りでも、文字を確認できた一三九基のうち一三八基が広東省と記載されていた。その内訳をみると約三三パーセントが開平、約二五パーセントが中山、約二〇パーセントが東莞、約一三パーセントが台山であった。ほぼ九割が開平、中山、東莞、台山の出身ということになる。その他で確認できたのは、広東省中部の四会、新会、恩平、増城、広東省東部の梅県（客家の居住地）である。広東省以外の一基は浙江省青田と刻まれていた。旧移民のルーツが中山、四邑、東莞など広東省の中部であることは間違いなさそうである。

写真24　中国人経営の店舗が立ち並ぶスバの一角（2013年2月）

第一章でタヒチの中国系移民の過半数が客家であると述べた。羅英祥の『漂洋過海的客家人』によると、フィジーの中国系移民の過半数（約五七パーセント）も客家であるという［羅　一九九四：二五―二九］。だが、このデータは誤情報である可能性が高い。我々が出会った旧移民（中山、四邑、東莞の出身者）の全員が広東語を話し、本地人を名乗っていた。彼らはフィジーで客家と出会ったことがほとんどないと語る。中山、東莞、台山には客家の居住村落がいくつかあるが、墓碑に記載がある出身村落をみても、それらは本地人が多数を占めるエリアに主に位置している。フィジーの中国人は、タヒチとはまた異なる系統であるといえよう（タヒチの旧移民のルーツはジャマイカやスリナムなど、フィ

写真25　スバ郊外にある華人墓地の入り口。左手に「蘇互華人墓園。（Suva Chinese Cemetry ＝綴りはママ）」と書かれた看板が掲げられている。（2023年3月）

ジーの旧移民のルーツはハワイやペルーと重なる）。

旧移民は、二〇世紀前半に中国系移民のための団体や学校を創設した。一九一六年に設立された国民党はフィジー最古の華人団体といわれ、一九四六年まで続いた。また、一九三六年には中山学校（中山とは孫文の中国名称・孫中山を指す）という華人学校が建てられた。中山学校は今でも存在している。さらに、一九五五年には、中国系住民のスポーツや文化活動を促進する目的で、チャイナ・クラブ（中国倶楽部）が設立された。続いて一九六〇年には、広東語の劇（粤劇）や音楽（粤曲）を催す、フィジー華人芸術社（斐済華人芸術社）も設立された。これらは中国人の紐帯を強めただけでなく、広東語や広東由来の文化を継承する母体ともなった。

現在、フィジーの旧移民は、春節、端午節、冬至など中国由来の祝祭日を祝い、四月の清明節には団体で墓参りをする。スバとその近郊には、中国人が眠る墓地が主に三つある。スバ華人墓地、スバ貯水庫墓地、ナニス（Nanisu）墓地である。スバ貯水庫墓地がいわゆる華人墓地（写真25）であるが、スバ墓地やナニス墓地の一角にも——古くて文字が見えなくなっている墓碑も多いが——中国系の名前を刻んだ墓が密集している。二〇二三年の清明節の場合、四月二日（日曜日）に朝から三つの墓地を参拝し、最後に老人ホームを訪れるイベントを催している。また、フィジーでも——タヒチのように「掛山《カーサン》」とは言わないが——秋の墓参り活動がある。

ただし、フィジーの旧移民は祖先活動を続ける一方で、多くはキリスト教に改宗している。スバには華人福音会があり、毎週日曜日の午後に礼拝がおこなわれる。他方で、タヒチの関帝廟のような規模の大きい中国寺院は存在しない。

2　新移民――移住と社会生活

一九七八年末に中国で改革開放政策が施行されると、中国からフィジーへの移民の波が再開した。そして、二一世紀に入るとその移民の波はますます高まった。

本書では改革開放政策実施以降に南太平洋へと移住した中国系移民を新移民と定義している。この定義に従うと、一九七九年以降にフィジーに移住した全ての中国人が新移民ということになる。

ただし、実際には新移民といっても一様ではない。改革開放後まずフィジーに向かいはじめた新移民の多くは、広東省の中山・四邑・東莞の出身者である。彼らは、主に一九八〇年代から一九九〇年代にかけて親戚や知人のツテを辿ってフィジーに移住した、いわゆる連鎖移民である。彼らは新移民といっても旧移民と同じ故郷の出身者であり、同じ広東語を話すため、性質としてはむしろ旧移民に近い。スバではこの時期に移住した広東省中部出身の本地人が少なからずいる。たとえば、スバ市場で野菜などを販売している中国系の人びとは、多くが一九八〇年代後半に東莞から移住してきた本地人で占められている。

ニューカレドニアやバヌアツと異なり、フィジーでは、一九七〇年代以降にベトナムなど東南アジアから移住した広東省の二次移住者は少ない。オーストラリアから移住した広東省ルーツの本地人が一定数いるが、少なくとも一九九〇年代までは広東省中部から直接移住してきた本地人が、新移民のマジョリティであった。だが、一九九〇年代に入ると、広東省以外から新移民が増加し、その構図に変化が生じた。

目下、フィジーの新移民は中国の各地から移住している。なかでも特に多いのが福建省と東北三省（遼寧省、吉林省、黒竜江省）の出身者である。上海の出身者も少なくない。一九九〇年代に入ると、福建省、上海、東北三省などから工場労働者などの身分でフィジーに渡航し、そのまま商売などを営むようになった。さらに二〇一〇年頃になると新移民が急増し、今では中国西部の四川省なども含め、さまざまなルーツの人びとがスバを中心に生活するようになった。我々が二〇二三年三月にランダムで話をした新移民は一六名（スバ一一名、ナウソリ二名、ナンディ三名）であり、そのうち一三名は二一世紀に入ってフィジーに移住した。その出身地の内訳は、遼寧省が四名、福建省が二名、そして吉林省、江蘇省、上海、四川省、海南省、広東省（台山）が一名ずつであった。彼らは飲食店、雑貨店またはホテルの経営者・従業員である。

筆者（河合）が二〇一三年に初めてフィジーを訪れたとき、中国人経営の飲食店や雑貨店では標準中国語があまり通じなかったため、主に広東語で会話をしていたことを覚えている。だが、二〇二三年に再訪した折には標準中国語を母語とする新移民、特に東北三省の出身者が増えていた。フィジーの旧移民・新移民のいずれに聞いても、二〇一〇年代に東北三省の出身者が急増したのだという。

興味深いことに、フィジーの二大都市であるスバとナンディとでは、中国系移民をとりまく状況が異なる。ナンディでは、韓国の資本が多く入っており、街頭でも韓国系資本が経営する店舗が目立つ。これらの店舗は大型スーパー、飲食店、ガソリンスタンドなど多岐にわたるが、同一グループの傘下にある。グループの母体は韓国発祥のキリスト教系宗教団体である。正確な統計はないが、二〇一四年には四〇〇人の信徒たちが韓国からフィジーに移り住み、その後グループの店舗や農園での労働に従事しているようだ。その宗教団体の活動拠点の一つがナンディ近郊にあり、そうした背景からナンディでは韓国系の人びとの存在が目立つ。[28] もっとも二〇二四年二月現在、市街地にあるナンディ・タウンの市場周辺では中国人経営の店舗が立ち並んでいる。ただし、最近になってリゾート開発地として誕生したデナラウ島では、中国資本が大きく関わっている様子が見受けられない。一方でスバでは中国資本によるインフラ建設が進んでいる。

スバではさまざまな中国資本が入っているが、国家と密接な関係をもつ企業の進出が顕著である。その一つが中国鉄路工程集団有限公司（China Railway Engineering Corporation; 略称ＣＲＥＣ）である。ＣＲＥＣは中国では「中鉄」と呼ばれ、一九五〇年に設置された中国鉄道部工程総局・設計総局を前身としている。これまで青蔵鉄道（青海省とチベットをつなぐ世界で最も海抜の高い鉄道）、京九鉄道（北京と香港・九龍をつなぐ中国最長の南北鉄道）や南京長江大橋を建設したことでも知られる。現在は中国国務院国資委の管理に置かれている。ＣＲＥＣはフィジーの道路や橋の建設を手がけており、スバのスティンソン橋には「中斐友誼橋」（中国―フィジー友好の橋）の記念碑が建てられている（写真26）。最近、ＣＲＥＣはスバ市内の都市開発にも着手しはじめている。また、バヌアツのインフラ建設を手がけているＣＥＣＣ（五八頁参照）もフィジーに進出しており、スバ中心部の高層ビル建設などに着手している。

写真26　スバにあるスティンソン橋入口の「中斐友誼橋」記念碑（2023年3月）

新移民の一定層は、こうした中国企業の労働者としてフィジーに来ている。ただし、新移民の全てが中国企業の関係者ではなく、フィジーで商売をする目的で契約労働者を通さず移住してきたパターンも多い。我々が出会った新移民のなかには、日本で教育を受けた後に故郷の遼寧省に戻り、最近になって遼寧省からスバに移住して雑貨店を営んでいる人もいた。また、他の遼寧省瀋陽市出身の女性は、父親が一九九二年に工場労働者としてフィジーに来てそのまま商売を始めたため、二〇一〇年頃、大学卒業後にスバに渡航して中華料理店を営んでいる。二〇〇〇年以降に広東省の外から移住した新移民の間でも、親戚・知人のツテを辿ってフィジーに移住する連鎖移民が生じるようになっているのだ。

我々はまだ新移民の職業の全体像を把握しているわけではないが、中国企

写真 27-1　フィジーの中華料理店で提供されるチャプスイ（2023 年 3 月）

写真 27-2　インド料理店で提供されていたチャプスイ。食事の出し方が異なるが、名称と味はかわらない。（2023 年 3 月）

業での契約労働以外に、料理店、雑貨店、ホテルなどのビジネスに従事する人びとはやはり多い。中華料理店では、東北三省の味そのままの餃子を出すなど、いわゆる「ガチ中華」を提供する店が増えている。ただし、フィジーでは旧移民・新移民を問わず、現地化された料理を提供することがスタンダードである。

その定番のメニューは、炒麺（Chow Mein）、チャーハン（炒飯、Fried Rice）、ワンタン・スープ（雲呑湯、Wanton Soup）、チャプソイ（炒雑砕、Chop Suey）、チリチキン（Chili Chicken）、チリラム（Chili Lamb）、キャッサバ（Cassava）、チキンカレー、フライドポテト、フィッシュ＆チップスなどである。一目で分かるように、キャッサバ、フライドポテト、フィッシュ＆チップスは中国起源の食ではない。だが、中華料理店の客にはメラネシア系など中国人以外も多いため、彼らの好みに合わせてこれらの食を提供している。炒麺、チャーハン、ワンタン・スープはタヒチ、ニューカレドニア、バヌアツなどでも広くみられるが、チャプソイ、チリチキン、チリラムはそうではない。とりわけチャプソイは南太平島嶼部で分布範囲が偏っており、フィジー、サモア、トンガではみられるが、タヒチやニューカレドニアの中華料理店で提供されることは稀である。

注目に値するのは、フィジーでは、チャプソイ、チリチキン、チリラムが——それが中国料理であると明記することなく——インド料理店でも提供されていることである。写真27はナンディにあるインド料理店で提供されていたチャプソイである。皿など容器のスタイルはどこかインド風になっているが、味や素材は中華料理店のチャプソイと大差ない。

中華料理店を営む新移民は、フィジーに移住後、このような現地化された中華料理のつくりかたをまず学ぶのだという。ある遼寧省出身の中華料理店経営者によると、キャッサバやチキンカレーなど明らかに「土着」や「西洋」と分かる食を除けば、フィジーの中華料理にはどこか中国のそれと似たところがある。そのため、新たな中華料理を学ぶことには、それほど抵抗感がない。

第三章では、バヌアツにおける新移民とフィジーの嗜好品であるカヴァとのかかわりについて言及した。スバでは、一九三〇年代という早い時期に、中国人がカヴァの生産と販売をおこなっていたと記録されている［Prasad and Raj 2006］。また、筆者（大島）の調査村に近いサブサブの街では、中国人によってカヴァの加工工場が経営されている。現地の先住系フィジー人によると、ここでは中国系の住民もカヴァを飲むことがある（写真28）。こうしたカヴァ文化との関わりは、旧移民において多く見られる傾向にある。ただし、新移民の間でもカヴァはフィジーを代表する文化の一つとみなされ、現地との友好の証として飲むことがある。たとえば、人民日報中央厨房の『零時差工作室』が二〇二三年一月二六日に発布したインターネット記事『在南太過春節（南太平洋で春節を過ごす——筆者訳）』では、CRECの中国人社員とフィジー系社員が一緒にカヴァの宴を催す姿が写真付きで掲載されている。バヌ

写真28　サブサブの市場で売買されるカヴァ。市場から徒歩数分のところには中国系住民が経営するカヴァ加工工場がある。（2023年3月、大島崇彰撮影）

アツとは異なり、フィジーではカヴァは早くから中国系移民が流通と販売に乗り出し、民族の垣根を越えて親しむものとなっている［cf. 大島　二〇二三］。そして、新移民のなかにもカヴァに親しむ人びとが現れている。

ただし、新移民は一方的に土着化の道を歩んでいるわけではなく、他方で中国由来の文化も保持している。フィジーではキリスト教に改宗せず、仕事が忙しく信仰に時間がとれないことを理由に、無宗教を通している新移民もいる。スバには華人福音会があり、毎週日曜日に礼拝がおこなわれるが、スバに住みながらもその存在すら知らない新移民もいる。新移民経営の雑貨店では――中国から輸入した物品ばかりが売られているわけではないが――中国の祖先崇拝で使う紙銭や線香などが置かれていることがある。新移民も中国で生活していた時と同じように中国の年中行事を過ごし、清明節や冬至などに祖先を祀るからである。新移民もまた中国文化とフィジー文化の狭間に生きているのである。

注

（1）今から半世紀前ではあるが、一九七四年に『太平洋の中国人』という英語の報告書が出されていることは注目に値する。日本語では、南太平洋島嶼部の中国人社会にまつわる体系的な本や論文はほとんどみあたらないが、二〇〇二年刊行の可児弘明・斯波義信・游仲勲（編）『華僑・華人事典』では「ポリネシアの華僑・華人」［棚橋　二〇〇二：七二七］や「メラネシアの華僑・華人」［関根　二〇〇二：七六四］をめぐる、短いが貴重な情報が掲載されている。最近では、北原卓也によるトンガの中国系移民をめぐる論文［北原　二〇二三］なども上梓されている。他方で、市川哲によるパプアニューギニア華人の民族誌［二〇〇三、二〇一二ほか］をはじめ、パプアニューギニアとオーストラリアの中国人社会については一定の研究蓄積がある。ただし本書の主題から外れるため、詳細は省略する。

（2）広東省の漢族は、本地人と客家のほか潮州人がいるが、南太平洋島嶼部では潮州人はほとんどいない。南半球に住む中国系の旧移民は絶対的多数が本地人と客家の二大派閥になっている［河合・張（編）二〇二〇］。

（3）言うまでもなく、旧移民と新移民は完全に区別できるわけではない。たとえば、一九八〇年代から九〇年代にかけて広東省中部から移住した人びとは、親戚・知人のツテを頼って移住する連鎖移民が主体であり、本地人や客家が多いことからむしろ旧移民に近い。ただし、本書では暫定的に一九七八年末の改革開放政策前後を基準に定義する。なお、一九七〇年代か

注

ら一九八〇年代前半にかけて東南アジアからなど再移住した中国移民については、新旧移民の定義を適用しない。
（4）マルチサイト調査とは、一つの領域でフィールドワークをするだけでなく、そこから移動したヒト、モノ、カネなどを追って複数（マルチ）の地点（サイト）で調査する手法を指す。詳しくは別稿［河合　二〇一七］を参照。
（5）そのため、本書は南太平洋島嶼部の中国人社会を主要な対象としつつも、非中国系の人びと（オーストロネシア系諸民族、日本人、フィリピン人など）を可能な限り参照するよう心がけている。
（6）総務省統計局『世界の統計　二〇二二』に基づく。
（7）二一世紀以降も、中国系のオスカー・タマルが二〇〇三年から二〇一三年の五期にわたり仏領ポリネシアの総統を務め、ガストン・トング・サンも、二〇〇六年から二〇一一年まで三期にわたり仏領ポリネシアの総統を務めた。
（8）恵陽、東莞、宝安はその頭文字をとって通称「恵東宝」と呼ばれており、東南アジアや環カリブ海の客家の主要な出身地ともなっている［河合・張（編）二〇二〇］。
（9）タヒチ華人団体公認の刊行冊子『Association Des Deschendants Chinois De Atimaono』、および各団体のパンフレット、部分的には聞き取り調査に依拠した。
（10）ただし、実際には増城、花県、中山、台山、恩平では、本地人だけでなく、多くの客家村落が点在している。ハワイやペルーの客家の間では、中山出身者が多数派を占めているほどである。七郷団体＝本地人というのはタヒチでつくられたエスニック・カテゴリーであるといえるが、この問題については別稿で論じる。
（11）信義堂の元会長によれば、タヒチの旧移民の約七割がキリスト教徒であり、そのうち五割がカソリック、二割がプロテスタントなのだという。無宗教も二割を超えているのではないかと、彼は見積もっている。タヒチには、「約但中華基督協会」(Eglise Evangelique Paroisse Jourdain) など、中国系を対象とするキリスト教会もある。
（12）記念碑はパペーテの最も賑やかなフェリー乗り場につくられたというが、筆者が二〇一七年に訪れた時にはなかった。姜貞吟［二〇一五：一〇七］によると、彼女が二〇一三年に調査に訪れた時にはすでに撤去されていたのだという。
（13）参考までに、二〇一七年の神戸中華街（南京町）で催された春節祭には四六の演目があり、獅子舞・龍舞が一〇、変顔・雑技が七、歌唱が四、舞踊が四であった。舞踊の割合は全体の一割に満たない。
（14）この事例については、姜貞吟［二〇一五：一一五―一一六］、シガウド＝フォーニー［Sigaudo-Fourny 2017: 79］、筆者［河合　二〇一九］も紹介している。
（15）ウェンファの元会長であったジミー・リーはこうした経験を英語の文章で記している［Ly 2013: 223］。同様の経験は姜貞吟［二〇一五：八九、一二五、一二七］のインタビュー報告でも記されている他、筆者自身も複数の旧移民から同様の話を聞いた。
（16）総務省統計局『世界の統計　二〇二二』に基づく。
（17）社会人類学者である堀内正樹によれば、ニューカレドニア島中部のブーライユにはアルジェリア人から移住したイスラーム移民が多い［堀内　二〇一二］。

（18）今でも山東省煙台市の芝罘には旧日本領事館の建物がある。筆者が二〇一九年九月に訪問した時には、この一帯は観光化されており、旧日本領事館はチャイナドレス館（旗源旗袍博物館）になっていた。

（19）インドネシアからの移民のなかにも一定数の中国系移民がいることが予想される。

（20）ヴァヌアツとも表記されることもある。ただし、インターネットで情報を検索しやすいように、あえてウィキペディアなどネット上で多用されるバヌアツのほうを用いている。同様の理由から、首都もポートヴィラではなくポートビラの方を採用している。

（21）バヌアツを舞台とする日本の小説として、坂東眞砂子『眠る魚』（二〇一七年）がある。

（22）二〇一八年九月、二〇二〇年一月訪問時のデータ。管理者によれば、ここの墓地は古びて参拝者がいなくなると、掘り出されて破棄されることもあるという。

（23）ポートビラの市民墓地には一〇〇基余りのベトナム人墓地が集まっている。そのうち出身地の記載がある墓地をみると、最も多いのがナムディン省の一三基で、次いでハナム省の九基、そしてタイビン省とニンビン省が六基ずつ、ハイフォン市が三基であった。バヌアツのベトナム人もベトナム北部（ハノイやハイフォンの南側にあるエリア）に主なルーツがあることが分かる。バヌアツではベトナム人は必ずしも街頭で店舗を構えておらず、ハードウェア関係、会計士などの専門職にも多く就いている。

（24）なお、二〇一三年には、南太平洋大学のポートビラ・キャンパスで孔子学院が設置されている。孔子学院とは、海外で中国語や中国文化を広めることを目的とする、教育機関である。

（25）E氏とF氏は二〇一八年九月、G、H氏は二〇二〇年一月、I氏は二〇一八年九月と二〇二〇年一月に聞いた話に基づいている。

（26）南太平洋島嶼部で広くみられる炒麺、チャーハン、ワンタン、レモン鶏はバヌアツでもよくあるメニューであるが、タヒチの定番であるマア・ティニトや中華風刺身、フィジーなどで定番となっているチリチキンは、二〇二四年の時点ではバヌアツでほとんどみられなかった。他方で、バヌアツでは、それほどチャプソイが普及していないが、ポートビラの一部のレストランで提供されている。

（27）本書のコラムで言及しているように、フィジーではインド系や中国人がカヴァの商売に乗り出す例が多い［大島　二〇二三］。

（28）出典は以下の通り。
Jamie Tahana "While Korean cult leader is jailed, her Fiji businesses are humming" Radio New Zealand, 5/AUG/2019
https://www.rnz.co.nz/international/pacific-news/395744/while-korean-cult-leader-is-jailed-her-fiji-businesses-are-humming

参照文献

〈日本語〉

飯島典子・河合洋尚・小林宏至
　二〇一九　『客家――歴史・文化・イメージ』現代書館。
池田節雄
　二〇〇五　『タヒチ――謎の楽園の歴史と文化』彩流社。
市川　哲
　二〇〇三　「パプアニューギニアをめぐる華人の移動とコミュニティの変遷過程」『アジア・アフリカ言語文化研究』六五：一八一―二〇六。
　二〇一〇　「現地化、再移住、新移民――太平洋島嶼地域における華人社会の変容過程」塩田光喜（編）『グローバル化のアジア』アジア経済研究所、一〇九―一二四頁。
　二〇一二　「混血から見るグローカリゼーション――パプアニューギニアにおける華人の土着化の諸相」須藤健一（編）『グローカリゼーションとオセアニアの人類学』風響社、九七―一二二頁。
イングリス、クリスティーヌ
　二〇一二　「南太平洋地域／ナウル／フィージー／パプアニューギニア」リン・パン（編）『世界華人エンサイクロペディア』（遊仲勲監訳／田中佐紀子・山本民雄・佐藤嘉江子訳）明石書店、五一一―五二四頁。
ウィルモット、W・E
　二〇一二　「ソロモン諸島／タヒチ／トンガ／バヌアツ／西サモア」リン・パン（編）『世界華人エンサイクロペディア』（遊仲勲監訳／田中佐紀子・山本民雄・佐藤嘉江子訳）明石書店、五二五―五三三頁。
NHK特別取材班
　一九六五　『南太平洋――自然と人間』日本放送出版協会。
大島崇彰
　二〇二三　「民族を越え拡がるフィジーの在来嗜好品・カヴァ」『海域アジア・オセアニア News Letter』（海域アジア・オセアニア研究プロジェクト）一：五一―五四。
華僑華人の事典編集委員会（編）
　二〇一七　『華僑華人の事典』丸善出版。

河合洋尚
　二〇一七　「都市調査とマルチサイト民族誌——広東省を中心として」西澤治彦・河合洋尚（編）『フィールドワーク——中国という現場、人類学という実践』風響社。
　二〇一八　「越境集団としてのンガイ人——ベトナム漢族をめぐる一考察」（特集＝ベトナムのガイ人——客家系マイノリティーの歴史・宗教・エスニシティ）『アジア・アフリカ地域研究』一七（二）：一八〇—二〇六。
　二〇一九　「書評：津田浩司・櫻田涼子・伏木香織（編）『「華人」という描線』——行為実践の視点からの人類学的アプローチ」『文化人類学』八四（二）：二二〇—二二二。
　二〇二〇ａ　『〈客家空間〉の生産——梅県における「原郷」創出の民族誌』風響社。
　二〇二三　「サモア初訪問記——サモアで中国とアジアの影響をみる」『海域アジア・オセアニア News Letter』（海域アジア・オセアニア研究プロジェクト）一：四三—四六。
河合洋尚・呉雲霞
　二〇一四　「ベトナムの客家に関する覚書——移動・社会組織・文化創造」『華僑華人研究』一一：九三—一〇三。
北原卓也
　二〇二三　「中国からの移住先としてのトンガ王国」黒崎岳大・今泉慎也（編）『移民たちの太平洋』アジア経済研究所、一四九—一七七頁。
桑原牧子
　二〇一〇　「ハイダとタヒチの文化復興とイレズミの復活」『民俗と風俗』二〇：一一五—一三五。
小林忠雄
　一九七七　『ニュー・カレドニア島の日本人——契約移民の歴史』カルチャー出版。
関根久雄
　二〇〇二　「メラネシアの華僑・華人」可児弘明・斯波義信・游仲勲（編）『華僑・華人事典』弘文堂、七六四—七六五頁。
太平洋協会（編）
　一九四四　『ニューカレドニア・その周辺』太平洋協会出版部。
棚橋　訓
　二〇〇二　「ポリネシアの華僑・華人」可児弘明・斯波義信・游仲勲（編）『華僑・華人事典』弘文堂、七二七頁。
中村純子
　二〇〇一　「ニューカレドニアにおける社会集団と文化変容」『横浜商科大学紀要』八：三〇九—三三〇。
　二〇〇五　「ニューカレドニア土産工芸品にみる民族多様性と文化変容——「文化の客体化」概念の地域的再検討」『横浜商

大論集』三八（二）：一八二―二〇五。
畑中幸子
一九六七　『南太平洋の環礁にて』岩波新書。
堀内正樹
二〇一二　「開かれた「民族」――ニューカレドニアのアラブ人村」『成蹊大学文学部紀要』四七：九五―一一五。
吉岡政德
二〇一六　『ゲマインシャフト都市――南太平洋の都市人類学』風響社。

〈英語・フランス語〉
Ali, Bessie Ng Kumlin
2002 *Chinese in Fiji.* Institute of Pacific Studies. University of the South Pacific.
Fong, Alison
1974 *A Chinese Community in Fiji.* South Pacific Social Science Association.
Ly, Jimmy M
1999 *Hakka en Polynésie.* Tahit : Tous droits réservés.（3 edition）
2013 The Hakka in Tahiti, *Global Hakka Studies* 1: 215-234.
Moench, Richard U.
1963 *Economic Relations of Chinese in Society Island.* Ph.Ddissertation, Harvard University.
Pan, Lynn
1999 *Encycloprdie de la Diaspora Chinoise.* Paris : Les Edition du Pacifique.
Prasad, N. & S, Raj
2006 The Perils of Unmanaged Export Growth: The Case of Kava in Fiji, *Journal of Small Business & Entrepreneuship* 19(4):381-394.
Saura, Buruno
1985 *La Commuqauté Chinoise de Polnésie Française : Approche Historique d'une Minorite Culturlle.* Memoité, Unoversité de Droit.
2003 *Tinito, la Communauté Chinoise de Tahiti : Installation, Structuration, Intégration* (Polynésie Française). Au Vent des Îles.
Sin Chan, Ernest

2004　*Identité Hakka à Tahiti : Histoire, Rites et Logiques*（Tome 1）. Tahiti : Editions Teite.
2005　*Identité Hakka à Tahiti : Ruptures, Desordres et Fabrication*（Tome 2）. Tahiti : Editions Teite.

Sigaudo-Fourny, Alexandra
2017　Chinese-Tahitians: Assimilation and Quest for Identity, *Tahiti Discovery.* Tahiti: Tahiti Communication, pp.76-79.

Tom, Nancy Y.W.
1986　*The Chinese in Western Samoa, 1875-1985.* Western Samoa Historical and Cultural Trust.

Trémon, Anne-Christine
2005　*Les Chinois en Polynésie Française. Configuration d'un Champ des Identifications.* Paris : EHESS.
2010　*Chinois en Polynésie Française : Migration, Métissagem Diaspora.* Nantette : La Société d'Ethnologie.

Tung, Yuan-chao（童元昭）
1993　*The Changing Chinese Ethnicity in French Polynesia.* Diss. Southern Methodist University.
1994　The Political Participation of the Chinese in French Polynesia,『国立台湾大学文史哲学報』41: 252-267.

Wenfa（Young, Guy）
1979　*Historie et Portrait de la Communauté Chinoise.* Pappete : Wenfa.

Wong. Judy A.
1964　*The Distribution and Role of the Chinese in Fiji.* University of Sidney（M.A. Thesis）

Yee, Sin Joan Yee
1974　*The Chinese in the Pacific.* Suva: The South Pacific Social Sciences Associations.

〈中国語〉

河合洋尚
二〇二〇b　「大渓地的『客家菜』――飲食景観論視角」趙栄光（編）『文化与文明――開拓餐卓新時代』北京日報出版社、一四九―一五三頁。

河合洋尚・張維安（編）
二〇二〇　『客家族群与全球現象――華僑華人在「南側地域」的離散与現状』国立民族学博物館調査報告（SER一五〇）。

姜　貞吟
二〇一五　「法属玻里尼西亜客家族群辺界与認同在地化」『全球客家研究』五：八五―一四八。

羅　英祥

一九九四『漂洋過海的客家人』河南大学出版社。

司徒澤波・陳本健
一九九一『斐済国、所羅門群島、西薩摩亜群島華僑概況』正中書局。

童 元昭
二〇〇〇「大渓地華人的歴史叙述与『客家』認同」『国立台湾大学考古人類学刊』五四：四一―六二。
二〇一二「大渓地唐餐／Maa Tinito的在地性」『中国飲食文化』八（二）：七一―一〇二。

厳 少祺
一九九八『大渓地華僑概況』正中書局。

翟 興付
二〇〇三『薩摩亜華僑華人今昔』香港社会学出版社。

張 維安
二〇二〇「大洋洲新喀里多尼亜客家観察報告」河合洋尚・張維安（編）『客家族群与全球現象——華僑華人在「南側地域」的離散与現状』国立民族学博物館調査報告（SER一五〇）、一九一―二〇〇頁。

著者紹介
河合洋尚（かわい　ひろなお）

1977年、神奈川県生まれ。

2009年、東京都立大学大学院社会科学研究科博士課程修了。

現在、東京都立大学人文科学研究科・准教授。博士（社会人類学）。

主な業績：『景観人類学の課題：中国広州における都市景観の表象と再生』（風響社、2013年）、『フィールドワーク：中国という現場、人類学という実践』（風響社、2017年、共編著）、『客家：歴史・文化・イメージ』（現代書館、2019年、共著）、『〈客家空間〉の生産：梅県における「原郷」創出の民族誌』（風響社、2020年）、「大渓地的『客家菜』：飲食景観論視角」（趙栄光編『文化与文明：開拓餐卓新時代』北京日報出版社、2020年）、『客家族群与全球現象：華僑華人在「南側地域」的離散与現状（客家とグローバル現象：「南側地域」における華僑華人の移住と現在）』（国立民族学博物館調査報告、2020年、共編著）など。


〈コラム執筆者〉

大島崇彰（おおしま　たかあき）

1990年、群馬県生まれ。

現在、東京都立大学人文科学研究科博士後期課程。

主な業績：「カヴァ飲みのゆくえ：オセアニア島嶼内外における人と在来作物の多義的な関わり合い」（大坪玲子・谷憲一編『嗜好品から見える社会』春風社、2022年、共著）、「民族を越え拡がるフィジーの在来嗜好品・カヴァ」（『海域アジア・オセアニア NEWSLETTER』創刊号、2023年）など。

南太平洋の中国人社会　客家、本地人と新移民

2024年3月15日　印刷
2024年3月25日　発行

著　者　河合洋尚
発行者　石井　雅
発行所　株式会社　風響社

東京都北区田端 4-14-9　（〒 114-0014）
Tel 03（3828）9249　振替 00110-0-553554
印刷　モリモト印刷

ISBN978-4-89489-362-7　C0039